McKinsey Quarterly

百舸争流：
中国企业可持续转型的跃升之路

本书编委会 组编

编　委　　华强森（Jonathan Woetzel）

张海濛　汪小帆

廖绪昌　林　琳

刘奇昕

U0360314

内容提要

全球气候变暖给人类带来了前所未有的危机，其影响已从单纯的环境领域延伸到了政治、经济、贸易等方方面面。随着政策出台，企业的可持续化转型已刻不容缓。可持续化转型意味着什么？绿色增长的机会在哪？如何应对可持续化转型的不确定性？本书将通过行业洞察、成功案例、领先企业CEO访谈等形式，与读者共同探索可持续型业务发展领域的机遇与挑战。

本书可供企业中高层管理者参考、阅读。

图书在版编目（CIP）数据

百舸争流：中国企业可持续转型的跃升之路 / 本书编委会组编. —— 上海：上海交通大学出版社，2023.9
ISBN 978-7-313-29504-0

I. ①百… II. ①本… III. ①企业经济—可持续发展—研究—中国 IV. ①F279.2

中国版本图书馆CIP数据核字（2023）第178227号

百舸争流：中国企业可持续转型的跃升之路
BAIGE ZHENGLIU:ZHONGGUO QIYE KECHIXU ZHUANXING DE YUESHENG ZHI LU

组　　编：本书编委会			
出版发行：上海交通大学出版社	地　　址：上海市番禺路951号
邮政编码：200030	电　　话：021-64071208
印　　制：上海锦佳印刷有限公司	经　　销：全国新华书店
开　　本：889mm×1194mm 1/16	印　　张：8.25
字　　数：141千字	
版　　次：2023年9月第1版	印　　次：2023年9月第1次印刷
书　　号：ISBN 978-7-313-29504-0	
定　　价：48.00元	

McKinsey Quarterly

序 言

中国可再生能源低碳行业在过去几年蓬勃发展，已成长为中国经济发展重要支柱之一，涌现出多个亿万级广阔市场，如新能源、电动汽车及储能等战略性新兴产业。在双碳大背景下，可持续转型也是企业差异化发展的重要举措，不仅交通、运输等高碳排放行业采取了脱碳行动，金融、科技、零售等行业也将可持续性作为未来业务增长的重要抓手，积极寻求在市场竞争中脱颖而出的机会。

在这样的大趋势下，中国企业需要顺势而为，把握绿色发展机遇，实现低碳增长的双赢。麦肯锡利用知识经验及自身影响力帮助许多中国企业实现了绿色业务构建和可持续转型，基于此，我们总结出三大可持续发展主题：可再生能源及清洁技术企业如何应对"成长的烦恼"，传统行业如何把握双碳革命的新业务机遇，以及如何多快好省地推进全公司低碳转型。本书将围绕**加快低碳技术创新，增强发展新动能；助力可持续转型，打造绿色竞争优势**以及**紧跟绿色风向标，探索发展新路径**这三大主题展开深入探讨。

加快低碳技术创新，增强发展新动能：中国新能源行业经过十年的快速发展，目前正处在战略发展与转型的关键阶段，各领域的龙头企业和新晋玩家如何审视自身情况，在现有的体系基础上发掘新的业务机会以及定位潜在市场，对企业实现业务可持续增长是至关重要的。这个主题之下的文章对中国分布式光伏的未来发展趋势、光伏制造运营优化、电动车电池的回收、综合能源服务、新能源企业出海等多个热点问题进行了深入研究，以期更好地助力新能源、清洁技术企业在未来发展道路上更上一层楼。

助力可持续转型，打造绿色竞争优势：双碳革命给传统行业带来什么机会？除了制造业、运输业这类传统高碳排行业，旅游服务、金融、消费品零售等行业也都需要制定相应的低碳战略，甚至将低碳作为价值主张，凭借可持续属性脱颖而出。这一部分分析了旅游运输业、消费品行业及金融保险企业等不同行业的脱碳路线，并进一步讨论应如何针对行业特性进行业务转型。

紧跟绿色风向标，探索发展新路径：在可持续转型与企业绿色发展不可逆转的大趋势下，企业应根据实际情况量身定制自己的脱碳之旅，利用系统的方法论做好成本的管理、业务和风险的平衡。这一部分文章从顶层战略目标出发，以结构化的方法论为基础，助力企业制定具有高度可行性的脱碳路径，同时借力内外部支撑体系如信息披露和认证、核查与评级、企业低碳运营等，真正实现可持续绿色转型。

围绕上述三大主题，本书共收录18篇文章。衷心希望本辑内容可助力中国企业更好推进可持续战略，在应对全球性的气候问题时发挥中流砥柱作用，并在绿色转型的挑战中发掘新的增长机会，化挑战为机遇，健康发展。

祝您开卷愉快！

麦肯锡全球资深董事合伙人　张海濛

加快低碳技术创新，增强发展新动能

助力可持续转型，打造绿色竞争优势

紧跟绿色风向标，探索发展新路径

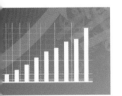

加快低碳技术创新，增强发展新动能

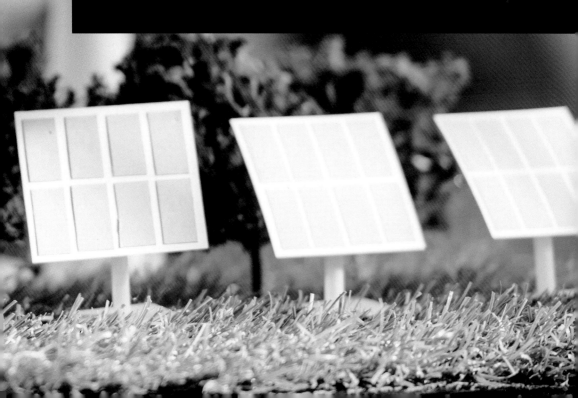

踏浪而行，扬帆起航：
中国新能源企业加速出海

梁敦临，石俊娜，汪小帆，刘文

随着内外部市场环境的变化，中国新能源企业正面临关键的出海窗口期。

随着全球气候变化问题的日益严峻和能源议题的持续升温，可持续转型成为社会、企业乃至个人共同面对的紧迫课题。在全球推动可持续转型的进程中，新能源产品、服务和技术的需求不断攀升。作为全球可持续转型的重要力量，中国新能源企业不仅需要加快转型步伐，还应拓展国际市场，挖掘更多潜在机会。

近20年来，凭借自身技术发展、政策支持和市场需求，中国新能源企业实现了指数级增长，在技术领域、生产效能和成本方面处于全球领先地位。这使得中国成为全球可持续转型和绿色制造的中心。本文将从内外部视角审视我国新能源行业的发展格局和未来方向，探讨开拓海外市场的机遇，同时分析可能面临的痛点和需要考虑的因素。

出海须内外兼修

"向内看"审视行业赛道上的竞争与产业格局，了解海外市场对企业未来持续增长的可能性与重要性。

经过多年发展，在部分赛道上已涌现出少数龙头企业，占据绝大部分市场份额，导致中小型企业难以发展。此外，龙头企业间的竞争也愈发激烈，呈现出"红海"态势，企业往往流于削价竞争，导致产能过剩。此种情形表明，龙头企业在技术、生产、运营方面已具备成熟能力，若能找到成熟度相对低的国际市场，拓展海外市场，既可创造更大的利润和业务增长，也可体现中国企业的社会责任，提升国际影响力。

在某些赛道上，中国企业虽具备一定的技术实力，但国内市场尚在培育阶段。

例如，储能、氢能、碳捕集等行业，在国内市场难获利润，而在国际市场却有成熟需求，因此此类赛道的企业出海动机较强。在国际市场上，企业可积累实际运营经验，进行技术或产品的迭代升级。待国内市场成熟后，将国际经验引入国内，享受市场发展的增长红利，同时带动国内相关产业的繁荣。

除了竞争和市场格局，产品属性也是企业选择出海的重要考虑因素。例如，某些产品要求就近生产销售，以配合其价值链上下游的供应或客户需求，如动力电池生产位置越靠近主机厂，对动力电池生产企业就越有利。通过中心化运营，可协同并优化全球布局的效能，全球化的生产基地还可帮助企业审视自身发展，满足国内市场饱和后的持续增长需求。

把握时机"向外看"，海外市场将成为重要的增量市场，且我国新能源企业出海具有优势。然而近年来，海外市场对中国企业的限制日益加强，因此应抓住机遇，加快海外布局。相较国内市场，海外市场集中度较低，玩家在体量、技术等方面差异不大，竞争格局较分散。中国新能源企业应充分发挥在国内市场积累的经验，抢占海外市场制高点。

如今，我国新能源企业已不再仅依靠成本优势与国际竞争对手抗衡，而是具备了输出"技术"的实力。以动力电池行业为例，我国企业积极与国外整车厂合作，运用自身优势技术换取海外市场份额，建立战略合作伙伴关系。同时，我国新能源企业对下游客户需求有着充分了解，产品能够更好地贴合客户需求。我国光伏企业在技术布局和下游市场洞察方面拥有巨大优势。而在风能产业中，得益于国内市场规模，我国企业能够迅速开展规模化生产（见图1）。

图 1 全球风能市场分析

● 圆圈大小 = 2020年风电累计装机规模

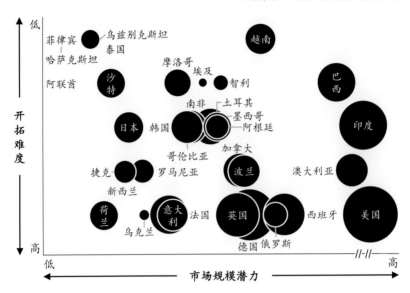

尽管如此，海外市场依然存在诸多挑战。例如，美国的《通胀削减法案》（IRA）为本地制造提供了诸多优惠政策，并对与本土公司合作的合资企业给予政策支持（见图 2）。此外，考虑到地缘政治变化的因素，我国新能源企业应抓住机遇窗口，尽快切入海外市场，同时筹建海外生产基地，以便在政策红利期间实现本地化生产。

随着各国政府出台利好新能源企业的政策，国际竞争对手亦会纷纷涌入。在进军国际市场的过程中，应审慎思考出海需求、出海产品与服务、目的地选择及出海阶段的布局等关键问题，避免陷入常见的出海误区与陷阱。眼下，我国新能源企业正处于全球领先企业的关键窗口期，应当把握机遇，制定明确的国际化战略，积极进军国际市场。

出海的痛点和重点

众多在国内取得辉煌业绩的新能源企业，试图将其在本土市场的成功经验移植至海外市场，结果往往未如预期。这些"水土不服"的表现主要如下：

■ **"病急乱投医"式的进入策略：** 由于未充分了解当地市场情况，往往导致决策失误。例如，未确认政府对产品销售的规定，未规划好生产原材料、劳动力、供应商及仓储物流条件，未了解当地消费市场和习惯等。因此，企业应提

图 2 美国《通胀削减法案》实施后的政策红利窗口期

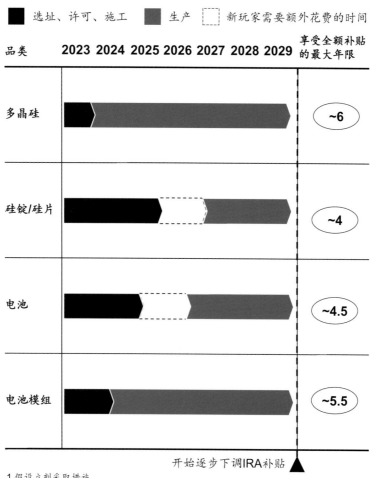

美国太阳能项目的施工周期示意图[1]

■ 选址、许可、施工　■ 生产　[⋯] 新玩家需要额外花费的时间

品类	2023 2024 2025 2026 2027 2028 2029	享受全额补贴的最大年限
多晶硅		~6
硅锭/硅片		~4
电池		~4.5
电池模组		~5.5

开始逐步下调IRA补贴 ▲

1.假设立刻采取措施

资料来源：太阳能产业协会（SEIA），"加速美国的太阳能制造业发展"，专家访谈

前做好市场调研，了解当地法律、市场需求和供应链等关键因素。

■ **过于追求速度的扩张：**由于追求扩大产能或市场渗透率，而忽略了稳健的经营策略和当地市场需求。企业应谨慎制订扩张计划，逐步提升市场份额和品牌认知度，避免国内策略在海外市场失效。要考虑投资回报率，不要轻易采取补贴或价格战等策略。待市场份额稳定后，再考虑扩张计划。

■ **人才配置失误：**在海外设立生产或销售机构时，一味调动国内管理人员可能导致错误决策。同时，由于缺乏知名度、薪资待遇不匹配、招募优秀人才困难等因素，影响了当地业务发展。跨文化差异同样不容忽视，在并购整合阶段须适应当地工作方式和文化。企业应注重人才培养和引进策略，确保为海外业务配置合适的管理团队，促进跨文化融合。

- **"一言堂"的决策模式：**部分中国企业在海外仍采用集中式的决策体系，难以因地制宜采取行动，当地分支机构难以向上汇报。这种决策方式和组织架构与成熟跨国企业采用的科学决策相比，导致总部难以了解当地的真实情况和实际效果，进而出现判断和决策错误。

实际上，中国企业在出海扩张过程中所面临的痛点往往并非硬件技术，而在于**战略制定、组织人才管理、业务生态圈和文化**等软性条件。因此，新能源企业在出海前筹划布局及出海过程中，应时刻将战略、供应链、生态系统、资金保障和组织架构等重点问题考虑在内，方能乘风破浪、披荆斩棘。

关键考虑因素

- **调整观念：**在制定出海战略时，应树立正确的思维方式，优化本土与海外优势协同，预期并管理风险。明确出海目的地的优先级，采取最适合当地的策略。深入制定细分战略，包括竞争策略、产品与服务组合、原材料采购、工厂建设及运营、销售渠道与营销模式、定价策略等。

- **匹配结构：**为实现跨国企业的协同效应，需要构建总部、地区分部与一线项目组之间的有机联动。总部负责制定关键决策，区域分部承担管理和支持当地项目运作的责任，提供资源、信息支持和保障；一线项目组直面客户和当地资源，灵活拓展和竞争，同时反馈需求寻求帮助。总部—分部管理模式需要灵活调整，以满足不同条件下的组织架构需求。

- **聚集资源：**资源聚集是企业全球化扩张的关键，包括融资、人才流动和智囊顾问的支持。深入了解投资者的投资策略、周期和风险偏好，制定募资和投资策略。总部人才须了解国际市场趋势和管理方式，协调区域与总部沟通，提高效率和质量。智囊顾问则提供全程端到端服务，包括优劣势分析、资源对接、项目管理、流程优化、投后管理等，助力企业顺利出海。

- **立足当地：**跨国企业要在当地立足，必须遵守当地法律和规定，同时吸纳当地人才以降低决策风险。此外，建立合作伙伴生态系统至关重要，包括与供应商、律所、银行和政府等建立合作关系。这些做法有助于企业在全球范围内实现更稳定和可持续的发展。

• • •

中国新能源行业出海应关注软性条件，如战略、人才、生态圈和文化。具备全球化视野和深入洞见的智囊顾问可协助规划出海布局，提供端到端服务，帮助企业在全球市场站稳脚跟，实现长期可持续发展。同时，应适应不同市场需求和政策，加强合作伙伴生态系统建设，提升产品属性和竞争力。Q

*作者在此感谢**戴诺**、**韩文琪**、**任晓媛**、**余玮玮**、**谭心怡**、**袁鼎杰**、**倪微琪**、**郭晏然**对本文的贡献。*

梁敦临（Nick Leung）是麦肯锡全球资深董事合伙人，常驻香港分公司；
石俊娜是麦肯锡全球董事合伙人，常驻上海分公司；
汪小帆是麦肯锡全球董事合伙人，常驻上海分公司；
刘文是麦肯锡全球副董事合伙人，常驻香港分公司。

动力电池脱碳：
电动汽车的绿色密码

吴听，赵赫，Martin Linder，Tomas Nauclér

> 电动汽车在驾驶时虽能做到清洁，但造车的过程却产生了大量碳足迹。有鉴于此，领先制造商已迅速采取了行动。

在电动时代的大背景下，电动汽车近几年的市场占有率迅猛增长。与燃油汽车不同，电动汽车在驾驶阶段不会产生直接的尾气排放，因此在广大消费者心中，它具有降低碳足迹的巨大潜力。然而，这是消费者的某种认知偏差：事实上，生产一辆电动汽车所产生的碳足迹，几乎是生产一辆典型燃油汽车的两倍。

我们的估算显示，生产纯电动汽车和燃油汽车的车身会产生等级相似的嵌入式碳排放，根据车身尺寸和生产地点的不同，这一过程的二氧化碳排放当量约在5~10吨之间。然而，生产动力电池也会带来巨大的嵌入式排放。例如，一辆典型的电动汽车（配备 75 kWh 电池包）仅动力电池生产过程就会排放超过 7 吨的二氧化碳当量，约占其生产过程总排放的 40%~60%。

在规模如此巨大的碳足迹背后，是动力电池生产过程所需的材料和能源。比如，电动汽车动力电池需要镍、锰、钴、锂和石墨等材料，而这些原材料的开采和提炼会导致大量的温室气体排放。此外，活性材料的部分生产流程需要在高温环境下进行，进而带来大量的能源消耗。动力电池的化学成分、生产技术、原材料供应商，以及交通路线也是嵌入式碳排放的决定性因素（见图 1）。

图 1 影响动力电池价值链碳排放的主要因素是产地、原材料及能源

1. 开采和提炼
不同材料间差异极大；排放来自能源以及化学原料的使用

2. 活性材料生产
排放来自化工过程中使用的大量能源

3. 其他原件和物流
排放来自能源和生产试剂，以及在运输过程中燃烧的化石燃料

4. 电池生产
排放来自电池生产过程中使用的能源

动力电池价值链的脱碳路径

好消息是，得益于替代性技术，动力电池生产过程中的碳排放有望在未来5~10年大幅降低，助力企业实现成本节降。我们的模型显示，到2025年，全球范围内生产动力电池所产生的温室气体平均值有望下降到85千克二氧化碳当量/度（kg CO_2e/kWh）。其中，使用循环材料、低碳电力和电动开采/生产设备将成为极富成效的脱碳手段。在最理想的情境下，企业有望以最低的附加成本达到80%的脱碳比例。

各个环节的脱碳路径如图2所示。

图2 动力电池各生产环节的温室气体排放

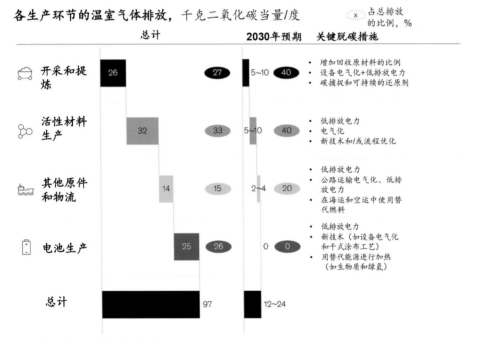

注：由于四舍五入，数字加总可能不等于100%。
资料来源：温室气体、管制排放及技术中使用的能源（GREET）；麦肯锡MineSpans；麦肯锡电池洞见

- **原材料开采和提炼**。平均而言，开采和提炼过程带来的碳排放约占生产动力电池总排放的1/4，其中锂和镍占一半以上。若向可持续生产商（已经采用电动开采设备或用可再生能源发电）采购金属，最多可以将生产每个动力电池的排放量减少30%。例如，某跨国车企在采购磷酸锰铁锂（LMFP）电池材料时，搭建了从不同区域采购原材料的组合模型，以评估减排机会

并权衡成本。同时，通过聚焦减排潜力、成本和可行性等维度，进一步评估了以高优先级原材料来源模型为基础的减排抓手，创建了有效的脱碳路径。

- **活性材料（阳、阴极）生产**。阴极和阳极活性材料的排放主要源自高温处理。立竿见影的减排方法是将现有用电方案逐渐替换为低排放电力，100% 匹配供需双方。采用这种方式，从资源开采到电池生产的整个过程可以减排高达 25 %。

- **电池生产**。企业可以将生产过程全面电气化。在当前的动力电池制造过程中，多数非用电排放都来自电极干燥流程，在此过程中，温度升至 50~160℃，会消耗大量的能源。此外，各种创新技术也能显著节能减排，比如，采用干式涂布工艺，或在电极制造过程中，用水溶性黏合剂代替聚偏氟乙烯（PVDF，一种特种塑料）等传统黏合剂。平均来看，如果将动力电池制造过程完全电气化，并全天候采用低碳电力，可将电池端到端制造过程的总排放减少 25%。2022 年 2 月，沃尔沃汽车（Volvo Cars）和 Northvolt 宣布将在瑞典哥德堡建设一家新的动力电池制造工厂，并计划于 2025 年投入运营。工厂将彻底摒弃化石能源，采用以提高循环利用和资源效率为重点的工程解决方案，着力推动该地区的可再生能源发展。除去优化主要生产工艺外，使用回收材料、改善供应链的物流排放、选择排放量更低的化学成分，甚至调整电池自身尺寸等方案也能有效减少动力电池生产阶段的碳足迹。

- **回收利用**。随着许多新建动力电池工厂逐步扩大产能，生产废料的体量也将显著增长。因此，在大量电动汽车达到 5~10 年的报废年限之前，行业应尽快建立一个有效的回收利用价值链。到 2030 年，仅中国市场的回收材料体量就有望达到约 67.4 万吨。就动力电池而言，回收材料的碳足迹通常仅为原始材料的 1/4。因此，在生产过程中增加回收材料的比例将成为脱碳的重要步骤。中国动力电池行业对此已经积累了不少实践经验。2015年，宁德时代收购了电池回收企业邦普，实现了从生产到回收的全流程控制。同时，此举提升了宁德时代与上游原材料供应商的议价能力，降低了其动力电池的生产成本。

- **物流**。在动力电池的温室气体排放总量中，成品或原材料的运输通常只占很小比例——约为总体碳足迹的 5%。交通运输行业正在落实脱碳计划，并向火车等低碳运输模式转型，这些举措有助于深化电动汽车动力电池价值链的脱碳进程。例如，中国某领先动力电池生产商正在园区内全面使用无人驾驶电动汽车和电动叉车，以期加快供应商工厂、原材料仓库、加工处理厂、产成品仓库和客户工厂之间的零碳运输步伐。

- **化学成分**。现阶段，高性能镍锰钴电池（NMC）和磷酸铁电池（LFP）是动力电池制造商和整车制造商的主要选择。我们的分析显示，虽然镍锰钴电池的能量密度要高出 30%~40%，但磷酸铁电池的预期寿命更长，而且碳排放平均要低 15%~25%，其主要原因是后者的阴极材料嵌入式排放更少。一些整车企业、电池制造商和阴极材料制造商正在寻找既能降低碳排放和成本，又能维持或增加能量密度的替代性化学成分。以镍锰酸锂（LNMO）阴极材料的生产为例，企业正在寻找成本更低、储量更丰富、更环保的材料（如锰），以期替代成本高昂的排放密集型材料（如镍）。

- **电池尺寸**。当前，不少电动汽车生产商都在致力于加大电池包的尺寸，以期提供更长的续航里程。然而，更大尺寸的电池包并不总是符合消费者的驾驶偏好和习惯。对此，部分生产商开始探索另一种更为激进的减排方式，即生产更适合消费者需求的小号电池包。例如，中国 2021 年最畅销的电动汽车是五菱宏光 MINIEV，它的电池容量为 9~14 度，续航里程为 121~171 千米。

对于动力电池生产商的启示

动力电池生产商若有志于对自身生产过程脱碳，应在制定执行方针时把握好进行基线评估、制订切实的行动计划、与关键相关方沟通脱碳举措这三个重点。

- **进行基线评估**：在详细了解上游排放情况的基础上，动力电池生产商可以对自身产品的碳足迹进行全面评估。该评估应包括其供应商的构成，以及价值链上的其他合作者。为此，企业可以从供应商（以及供应商的供应商）处收集原始数据，并评估当前和未来可用的脱碳方案。有了这些信息后，企业便可制定更为合理的目标，并在仔细思考差异化机会、成本和风险后，选择合适的战略。

■ **制订切实的行动计划**：既包括立竿见影的措施（如使用可再生能源），也包括在整个供应链上部署长期行动计划。

• **使用碳足迹较低的材料**：使用回收材料，实现动力电池制造和组装过程中所有废料的回收利用。

• **优化生产流程**：通过引入数字化解决方案、提高设备和材料效率、推动绿色能源使用比例和设备电气化等举措来提高运营效率。

• **通过合作加快脱碳速度**：与价值链上的相关参与者建立联盟和伙伴关系，包括向价值链上的供应商发出明确的零碳产品需求信号，在物流、测试、拆解、加工和数字化货物追踪方面建立合作，扩大动力电池的收集和回收规模。此外，生产商还可以通过建立贯穿整个价值链的标准和指标来提高透明度。

■ **与关键相关方沟通脱碳措施**：针对脱碳意愿较为强烈的客户制定品牌战略，实现与竞争对手的差异化，在中期收获可持续性产品溢价。

● ● ●

在这场动力电池减排竞赛中，生产商有多条路径可选。这些路径背后的技术或已投入应用，或即将破茧而出，助力企业大幅降低电池的碳足迹。脱碳既是国家目标也是市场期望，制造商必须快速行动，满足预期，才能这场脱碳竞赛中破浪前行。

*作者在此感谢**廖绪昌**、**刘奇昕**、**蔺芯如**、**白银莲**对本文的贡献。*

吴昕 是麦肯锡全球董事合伙人，常驻深圳分公司；
赵赫 是麦肯锡全球副董事合伙人，常驻北京分公司；
Martin Linder 是麦肯锡全球资深董事合伙人，常驻慕尼黑分公司；
Tomas Nauclér 是麦肯锡全球资深董事合伙人，常驻斯德哥尔摩分公司。

深挖降本潜能：
光伏内卷的破局良方

Karel Eloot，孙俊信，侯文皓，汪小帆

> 中国新能源企业需要在行业波峰时期，快速规模化开展数字化转型工作，提升整体运营能力和灵活性，不断引领行业多维度突破、建立竞争壁垒，规避市场风险。

世界各国正在竞相投资可再生能源，以加快碳中和的步伐。据估算，到 2025 年，可再生能源将超过煤炭，成为全球最大的电力来源。进入 2023 年，光伏产品的需求持续增加。不过，市场环境下，老玩家仍在继续扩充产能，新玩家持续前赴后继，导致本已供过于求的市场上各方竞争愈发激烈。

对头部玩家而言，提升整体运营能力是拔得头筹的关键。过去两年，主要通过传统精益手段，以及基础信息化工具来提升关键财务和运营指标，但与先进制造业行业相比，其优化潜力巨大，对数字化转型的诉求刻不容缓。

我们在总结头部玩家数字化转型的经验后发现，其成功要素主要包括以下几个方面：第一，制定长期数字化战略，匹配可有效推进战略落地的转型实施路径；第二，设定雄心勃勃的转型目标，从业务、组织、技术三方面同步推进转型，实现营收提升、提产降本、现金流优化和可持续发展（见图1）；第三，建立统一的数字化转型评估体系、可快速复制的转型标杆和规模化推广模式，助力各板块已有产能转型和新产能设计优化，实现集团转型效益的最大化。本文将聚焦数字化生产、数字化供应链和可持续发展这三个重要维度着重介绍。

图 1 物联网驱动的数字设备综合效率（OEE）管理

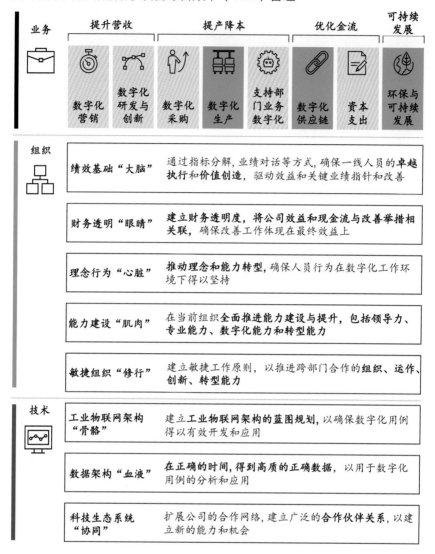

数字化显著提升生产环节人力、设备和质量管理效率

光伏行业的腾飞主要集中在近十年。相较于其他成熟行业，新能源行业的参与者往往以快速扩张、占领市场为首要目标，端到端业务管理的内功修炼不够。在生产环节，光伏企业面临人员快速上岗难、设备管理欠缺自主性，以及质量管理滞后等痛点。依托数字化手段，这些痛点能够得到较好地解决。

数字化助力人效卓越运营，优化用工成本结构

纵观世界五百强企业，排名前 30 位和后 30 位企业的人均创收差异达两倍左

右（见图2）。头部企业极其重视人效,且越优秀的企业对人效的关注度越高。当前,新能源行业处于高速发展阶段,人员流动十分活跃,且人员素质参差不齐。相较于其他行业,光伏企业更加关注如何快速识别并招聘合适的人才,助其快速适应公司文化并尽快到岗实现价值创收。

图2 世界五百强,排名首尾30位企业的人均创收差异可达2倍

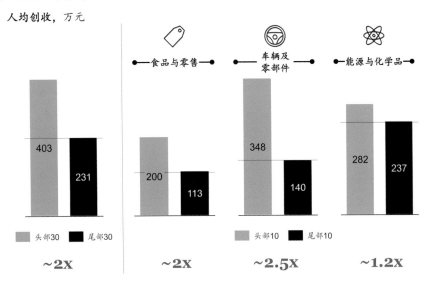

资料来源：CapitalIQ; 公司年报

供需匹配助企业"起步稳"

光伏制造行业一线人员流失率高,且人员素质参差不齐,若招聘不当,极易对人效产生重大负面影响。因此,企业亟须合理定义岗位,规划合适的招聘节奏,为企业持续注入"新鲜血液"：

- 基于待招岗位,由业务部门依托能力模型生成岗位能力矩阵要求,多维度量化招聘需求；
- 对各岗位人员离职周期进行建模,预测人力缺口及冗余周期,帮助人力资源提早做规划,减轻因潜在的招聘不足或过度招聘为企业带来的人员压力；
- 基于能力矩阵要求,实现定制化的岗位招聘流程,在对面试者进行评估的过程中,针对新入职人员建立基本信息库,如技能和上岗经验等。

人效精细化让企业"跑得快"

光伏行业发展日新月异,企业若想实现现场人效最大化,须保证高效能的员工时时刻刻都在关注自身擅长的工作：

- 利用数字化技术对出勤情况进行实时监控，帮助班组长做人员清点，确保派工计划的高效执行。

定向培训助企业"后劲足"

- 基于评估、培训、认证的人员培训体系收集人员基本信息，通过定制的生产人力培训计划，以及培训后的考核认证体系促进员工不断成长，扩充员工能力矩阵；

- 每日、每周基于员工能力矩阵及岗位需求模型生成最佳派工计划，充分发挥人员培训效果。

人员绩效管理让企业"跑得远"

- 通过岗位、班次与生产关键绩效指标（KPI）的对接，自动生成产线人效绩效以及个人绩效报告，基于绩效情况实现有针对性的奖惩措施落地，提升员工主观能动性。

数字化实现设备降本增效：通过设备状态分析计算产能提升空间

在设备方面，我们观察到光伏行业存在过度依赖供应商的痛点，这会导致设备数据的采集、设备维护，以及优化工作难以由工厂独立完成。改善设备管理体系时不我待。我们认为，完整的数字化设备管理体系包含以下几部分：

开展主动状态监控

知己知彼，百战不殆。知己，意味着要实时、准确地了解全厂范围内每个设备的生产状态。借助数据采集与监视控制系统（SCADA），工厂可以对现场设备的控制器及设备数据进行读取，经过简单的分析后，可让现场人员轻松实时获悉产线各设备的产能及状态。这不仅能将人工采数的数据完整度提升至100%，还能实时展示指标。

强化设备故障分析

通过SCADA，我们获得了海量设备数据。在解析这些数据的过程中，我们可以获得如下洞见：基于工序节拍数据确定产线动态瓶颈；通过对瓶颈工序故障参数的解析，以及故障时间的采集统计，分析性能漏损。针对漏损对应的业务痛点，短期问题可以通过工单派工解决，长期痛点则通过举措部署来化解。问题解决过程中，通过制度以及系统内流程管控来推动改善的落实。我们的观察显示，上述机制有望在一年时间内将产线的平均节拍普遍提升10%~20%。

数字化提升质量管理的前瞻性：实时监控，智能分析预警和纠偏异常

光伏电站运营周期长达 25 年以上，光伏产品的质量和可靠性直接关系到整个光伏电站的质量、发电效率、发电量、使用寿命和投资收益率。而因质量不佳导致的问题将不仅体现在制造及售后成本上，也会直接影响到企业的口碑及品牌形象。因此，在激烈的行业竞争中，具备前瞻性的质量风险管理意识，运用多种先进技术及数字化手段，在质量维度建立起护城河的光伏企业才能持续领跑。

产品质量全生命周期管理

对质量的管控应覆盖产品的全生命周期，这体现在光伏企业的端到端业务运营中。光伏企业可以通过运用数字化技术，实现制造设备的研发设计优化、来料质量的前置化管理、生产过程的实时质量问题监控和智能纠偏、成品运输签收全流程追溯，以及利用电站的运维数据反馈到前端，实现设计、生产、运输等各环节的优化和改善。

前瞻性质量风险管控

除去产品质量全生命周期管理外，前瞻性的质量风险管控也是光伏企业面对激烈竞争的制胜法宝。以制造环节为例，领先光伏企业在其数字化质量管理系统中部署了多项 AI 视觉检测技术，结合高级分析引擎，实现了质量数据自动采集，以及质量问题智能分析和智能预警。这些手段大幅提升了产品的良率，避免了因质量问题而引发的多种成本，包括额外投料及返修成本、因产品降级而不得不调整售价导致的利润降低，以及因质量问题影响电站运营而支付的售后成本。未来，企业可致力于覆盖更多关键检测站点，持续运用大数据及 AI 算法等智能技术，提升检测效率及准确率，挖掘造成质量问题的根因并予以提前纠偏。

数字化提升供应链端到端协同，优化光伏产业垂直整合

在供应链端，产业链的上下游博弈、全球局势变化及贸易摩擦，也给光伏企业带来了诸多挑战。

行业龙头正纷纷以一体化为目标进行布局，但从硅料、硅片、电池片到组建各业务单元的计划及协同运作并不简单。上下游的信息孤立叠加波动的市场价格，往往会导致欠佳的物料资源及产能分配决策。借助数字化手段，光伏企业可以提升其供应链端到端的协同能力，在将交付速度提升 20% 的同时，使库存降低 30% 以上。整体而言，数字化手段可让光伏企业的供应链更加集成、更早预警、更加接近实时和更为自动化。

订单下达：从邮件、Excel 跟踪订单状态到集成的管理平台，实现订单全流程透明；从人工订单审核放行到自动化的订单管理和规划，实现高效管理。

计划排产：改变上下游孤立和错配的供需数据状况，实现数据湖支持集成的大数据分析；从完全基于历史数据，且无法利用所有可用数据的人工排产，到使用数百个变量进行优化的先进排产。

生产制造：从滞后的订单进度反馈，到实时预警订单生产异常；从被动接受上游物料资源分配，到基于人工智能算法，根据实际产出向前端反馈，实现更合适的物料资源分配。

仓储物流：从人工规划仓储及物流资源，到运用先进分析优化仓储布局规划及库存水平，以及基于订单交付及成本需求，灵活使用包括跨境铁路、海铁联运或江海联运等多种物流模式；从大量人工协调物流发运工作，到先进物流管理平台赋能的司机智能预约、一键导航，全流程物流状态可视并辅助电子签收，实现各环节作业的效率提升。

数字化推动光伏行业持续引领可持续发展

头部光伏企业作为新能源的领军者，其自身的清洁能源转型较其他行业更为迫切，要求也更高。例如，隆基集团加入气候组织"EV100"倡议、"EP100"倡议和"RE100"倡议，成为首个同时加入气候组织三个"100"的中国企业。2021 年 2 月 1 日，通威集团宣布全面启动碳中和规划，推动公司绿色低碳发展，并计划于

2023 年前基本实现碳中和目标。

光伏行业未来可持续目标达成的主要抓手体现在：通过技术改革、物联网智慧表计、数字化能管系统和智慧群控系统等技术赋能，实现更全面、更精细、更实时、更智能的能耗管理，减少单瓦能耗产生和能源浪费；提高光伏建筑一体化（BIPV）和水能等清洁能源在光伏产品全生命周期中的使用占比；通过研发技术优化和精益手段，减少材料浪费和废弃品；通过激励电动车使用等项目，减少员工生活碳排等。

转型组织及技术平台赋能数字化转型，由试点走向大规模推广

业内领先龙头企业在艰苦而卓有成效的转型过程中摆脱了"试点炼狱"，将想法快速落地，在单体工厂实现了用例效益的最大化。如今，这些企业面临的挑战，是如何在价值链上下游实现成果复制，让先进用例覆盖多个生产基地、供应商、客户，以及新的职能部门。

成功转型成果的复制离不开人才对转型经验的传承。我们调研发现，组织层面有五大要素支撑成功的数字化转型：一是通过指标分解、业绩对话等方式，确保一线人员的卓越执行和价值创造，驱动效益和关键业绩指标的改善；二是建立财务透明度，将公司效益和现金流改善举措相关联，确保改善工作体现在最终效益上；三是推动理念和能力转型，确保人员行为在数字化工作环境下得以转变和坚持；四是在当前组织全面推进能力建设与提升，包括领导力、专业能力、数字化能力和转型能力；五是建立敏捷工作原则，以推进跨部门合作的组织、运作、创新、转型能力。

某光伏工厂在不到三年时间内，针对质量、人效、设备和物流配置，敏捷开发了 30 多个数字化用例，并在中国所有工厂中开启推广。成功的背后，离不开其集团总部层面的"转型特战队"和各大工厂敏捷团队之间的密切配合。在组织层面的统一赋能下，可快速实现用例的规模化部署。在此基础上，开发了 40 多个人才培养课程，实现组织 800 多人的核心能力提升。同时还招募了一批数字化新人才，以扩大其数字化能力。在部署了 30 多个智能自动化应用后，该工厂在劳动生产率、机器效率和质量纠偏等运营绩效方面实现了 20%~80% 的改进。

• • •

面对疲软的增长需求，光伏行业可暂停对新增产能的无限投入，转而聚焦成本、质量、交付等关键因素，提高产能利用率，以自身优势制胜市场。企业若想在未来

5~10 年不被市场淘汰，应尽早聚焦价值交付的数字化转型，培养数字化人才、自上而下打造数字化组织、夯实数据和技术架构基础、深挖数字化业务应用场景，抢占改革先机。中国新能源企业尤其需要在行业波峰时期，快速规模化开展数字化转型工作，提升整体运营能力和灵活性，这样才能维持国际领先优势，不断引领行业多维度突破、建立竞争壁垒，规避市场风险。Q

作者感谢 **原野、张一卉、张冰玥、林子豪** 对本文的贡献。

Karel Eloot（艾家瑞）是麦肯锡全球资深董事合伙人，常驻深圳分公司；
孙俊信是麦肯锡全球资深董事合伙人，常驻香港分公司；
侯文皓是麦肯锡全球董事合伙人，常驻上海分公司；
汪小帆是麦肯锡全球董事合伙人，常驻上海分公司。

点亮振兴之光：探索分布式光伏的商业模式与发展前景

华强森，汪小帆，郑文才，李星泽，赵昶

分布式光伏作为电力系统减碳的重要抓手，在农村具有广阔的发展前景。

户用光伏是农村地区减碳增收的重要抓手，在"双碳"目标引导下，中国的电力能源结构将从以煤炭为主的化石能源系统转向绿色低碳的可再生能源系统（见图1）。其中，光伏发电凭借发电低碳性、推广便利性和经济拉动性，成为落实"双碳"目标的重要抓手。预计光伏发电量占比将从 2021 年的 3.9% 攀升至 2060 年的 45%。

在光伏发电领域，分布式光伏具有体量小、建造灵活性高的特点，所发电力可直接就地使用，有助于将能源电力"消费者"转变为"产消共体"。随着储能、电气化消纳等配套设备的不断完善，未来分布式光伏还将有效提高能源利用率，为用户提供高效低成本的用电保障，并实现与电网系统的协调可持续。近年来，分布式光伏在光伏新增装机量中的比重持续上升，2021 年达到 55%，与集中式光伏并举发展的趋势愈发明显。

分布式光伏应用场景很多，如工商业屋顶光伏、渔光互补、光伏＋充电桩／车棚／农业大棚及农村户用屋顶光伏等。大部分分布式光伏的应用场景具有特殊性，市场规模较小且商业模式难以推广，而农村户用分布式光伏市场则具有较大的发展空间和推广价值，值得深入研究和探讨。

图1 多家机构对碳中和情境的发电量预测

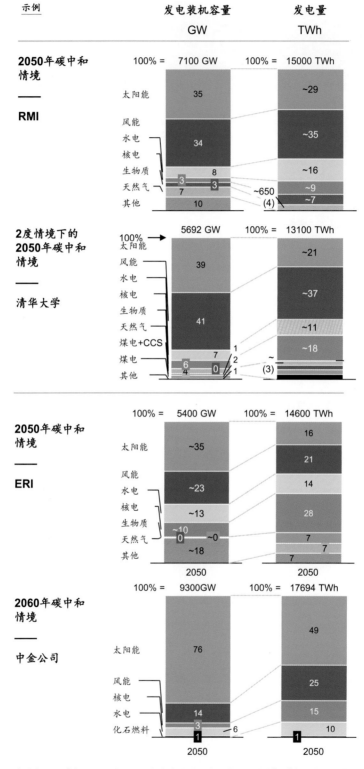

资料来源：《中国2050展望：一个充分发达的富裕零碳经济体》《中国实现全球1.5℃目标的耗能排放情境》《中国气候路径报告》《碳中和，离我们还有多远：能源电力篇》

我国农村地区屋顶资源丰富，使用权属明确，为户用光伏提供了巨大的发展空间。户用光伏有望为农村用能转型提供稳定且清洁的电力资源，其建设过程污染小，发电过程零排放、零污染，还可降低农村用电成本。在加速清洁能源转型的同时，农村户用光伏还兼具商业价值和投资潜力，有望助力乡村振兴。

近年来，农村户用光伏吸引了众多投资机构，如私募投资机构、多边投资银行、大型国有中央型能源企业和外资能源企业等。目前，户用光伏发电的投资回报率稳定在 8%~10%，相较其他金融产品而言，回报更稳、更高。2021 年以来，IDG 资本、红杉中国、高瓴资本和亚洲洁能资本等机构纷纷涉足光伏市场，已完成数十亿元的投融资[1]。

光伏电站的建设、安装及后期运维也为农村创造了就业机会，包括门槛较低的安装、清洁、搬运等职位，以及定时运维、前端销售、建筑施工等专业性岗位。2015 年国家出台的"光伏扶贫"政策，截至 2020 年已惠及约 6 万个村、415 万贫困户，每年稳定产生发电收益约为 180 亿元人民币[2]。

总体而言，户用光伏作为农村地区减碳增收的重要抓手，受惠于政策支持，发展前景乐观。

两种商业模式的挑战和解决方案

根据产权归属和获利分配方式，户用光伏的商业模式可以分为自投自持和屋顶租赁两种。根据消纳模式的不同，还可分为"全额上网"和"自发自用、余电上网"两种。电站投资方和终端用户通常会根据自身用电规律、当地电价等因素来确定产权和消纳模式，并配合不同的电表架设及结算形式（见图 2）。

---

1 《A股光伏行业融资更容易了》，《中国能源报》，2022年3月。
2 《能源扶贫入了户 照亮群众小康路》，《人民日报》，2021年2月。

图2 分布式户用光伏主要商业模式

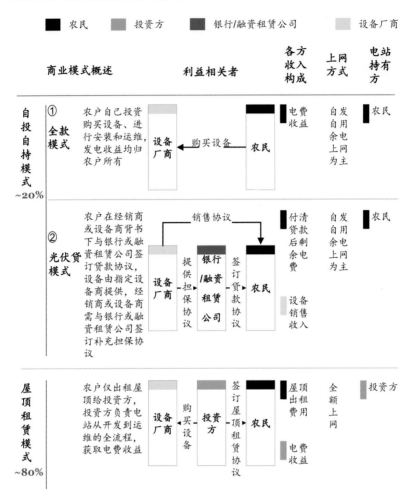

在户用光伏的开发过程中，通常涉及四大价值相关方：屋顶主、电站投资方、电站开发商及最终电站持有方。在实际执行过程中，一个参与方常承担多个角色。例如，国家大型电力公司既可担任电站投资方，也可成为最终持有方。同样，资金充裕的光伏制造商也可充当电站投资方和开发商。

自投自持模式

开发商通过地推接触屋顶主，并借助"光伏贷"等金融工具拓展市场。屋顶主购买或租赁光伏设备进行安装，支付电站建设成本，获取发电收益，享有电站所有权。该模式多见于尚未整县推进的区域，或是了解发电收益并期待较高回报的农户。

自投自持模式在市场中占比较低，原因在于建造初期成本较高，且多数农户对风险和收益的认知有限。选择自投自持的业主通常采用"自发自用，余电上网"的消纳模式。即电站所发电量首先满足业主自身需求，无法消纳的电量反送国家电网出售，按规定上网电价计算收益。该模式在电价较高的区域受到青睐，尤其是在自用比例较高（如白天用电量大）、当地电价较高的情况下，用户收益更为理想。

自投自持模式暂未成为我国农村户用光伏的主流选择，但随着群众对于光伏电站认知及可支配收入的提高，该模式有望进一步普及。在"自发自用，余电上网"的消纳模式下，内部收益率（IRR）相较于全额上网模式更高，据估算可达15%。

屋顶租赁模式

开发商通过地推等触点接触潜在屋顶主，租用其闲置屋顶，建造光伏电站，并根据屋顶面积和光伏电站功率向其支付定额月租。电站产权归开发商所有，发电收益归投资方所有，20～25年后电站归户主所有。相较于发达国家，我国农村电气化程度较低，居民对光伏的认知尚处于初级阶段。在整县推进的背景下，屋顶租赁模式占整个户用市场的80%以上。

在开发价值链中，获取农村客户资源是关键。"客户开发带动组件出货"成为部分光伏制造商开拓下游市场的新常态，拥有地方渠道、熟悉市场的投资方或开发商，在高度同质化竞争的农村户用光伏市场中具有巨大优势。参与方可通过合作开发模式或并购模式进行电站开发。

在合作开发模式下，投资方通过招标等方式与开发商达成合作，投资方支付保证金，开发商定向开发，建成后投资方支付余款给开发商完成资产收购。

在并购模式下，具备端到端覆盖能力的参与方独立负责县域开发、客户拓展和电站建造，之后长期持有或将资产打包出售给最终持有方。此外，还有光伏企业通过分包形式参与组件供应、建造、运维等一个或多个环节。

由于屋顶租赁模式占据主流，多数投资方选择"全额上网"这一易于结算的消纳模式，即户用光伏系统所发电量全部流入公共电网，以规定的上网电价进行结算。在全额上网模式下，目前市场上分布式光伏电站内部收益率保持在8%~13%。然而，"全面无补"时代即将来临，随着前端获客难度提升，势必对价值链上各参与方降本增效能力提出新的考验。

长期来看，户用市场极大可能由投资导向转为消费者导向，拉动需求增长。尽管自投自持模式更具可持续性，但考虑到市场教育、农民接受度、消费水平等客观限制因素，最终转向力度仍待市场决定。

构建新型分布式光伏生态系统

为实现中长期国家目标，构建以新能源为主体的新型电力系统，中国分布式光伏体系亟须进一步完善与迭代：一是光伏电站发电效率和储能等技术瓶颈有待突破；二是农村电气化消纳水平和屋顶光伏经济性有待提高；三是电网升级改造、电量交易平台等支撑体系有待完善。

总体而言，构建新型户用光伏生态系统须考虑六大关键因素（见图3）。

图3 未来分布式光伏生态系统关键因素

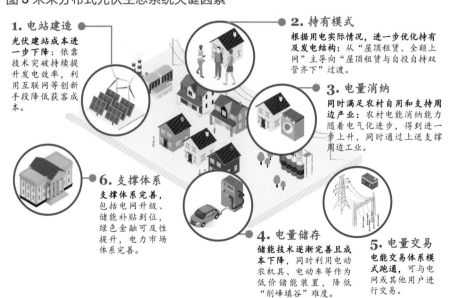

1. 电站建造
光伏建站成本进一步下降：依靠技术突破持续提升发电效率，利用互联网等创新手段降低获客成本。

2. 持有模式
根据用电实际情况，进一步优化持有及发电结构：从"屋顶租赁、全额上网"主导向"屋顶租赁与自投自持双管齐下"过渡。

3. 电量消纳
同时满足农村自用和支持周边产业：农村电能消纳能力随着电气化进步，得到进一步上升，同时通过上送支撑周边工业。

6. 支撑体系
支撑体系完善，包括电网升级、储能补贴到位，绿色金融可及性提升，电力市场体系完善。

4. 电量储存
储能技术逐渐完善且成本下降，同时利用电动农机具、电动车等作为低价储能装置，降低"削峰填谷"难度。

5. 电量交易
电能交易体系模式跑通，可与电网或其他用户进行交易。

光伏建站成本进一步下降。 随着光伏电池制造技术的突破，发电效率将不断提升。根据 Wood Mackenzie 的预测，到 2035 年光伏发电的度电成本将较现在再下降 35%~40%[3]。除了度电成本下降以外，制造工艺也在不断进步，例如，支架安装更加简便牢固，运维更加轻松，从而降低安装运营成本。此外，商业模式的创新可进一步降低分布式光伏电站的获客成本。海外创新的一站式互联网平台模式将获客成本在传统地推模式基础上降低 20%~30%，依托中国成熟的互联网营商环境，农村屋顶光伏的拓客模式有望实现持续变革。随着成本的大幅下降，光伏电站的投资收益将不断拓宽，提高各参与方的投资意愿。

电量持有模式及发电结构持续优化。 目前，农村个人用户的屋顶光伏推广以风险可控、收益测算简单的"屋顶租赁、全额上网"为主。随着农村用户对光伏电站的认知逐步提高，预计将有更多个人主体参与到"自投自持、自发自用"的电站建设模式中。一方面，该模式更具灵活性，能为对投资回报率有较高要求、具备自行支付建造成本能力的农户带来更大的经济效益，在降低农户碳排的同时，将收益反哺农村；另一方面，光伏电站将因为拥有更多切实获益的农村用户而获得更好的推广效果，进而促使分布式光伏的参与方更加多元，分散国有投资公司等参与方大规模持有资产的风险。

电量消纳能力不断提升。 随着分布式光伏大量接入电网，农村配电系统将面临更多电量消纳压力。未来，可通过提高就地消纳和就近消纳能力，既降低对农村电网的冲击，也可切实改善农户的生活。一方面，提升农村电气化水平，培育和扩大农村居民用电市场，从而增加就地消纳；另一方面，将区域产业经济发展与当地能源布局相结合，依据当地资源禀赋，因势利导发展村镇用电产业，提升就近消纳能力。

储能技术助力电能供需平衡。 储能作为一种灵活的电量调控手段，可将光伏所发电力按需存储并释放，平衡不同时间段的用电供需，为局部电网提供缓冲疏解能力，实现电量"削峰填谷"。然而，目前户用储能的经济性仍是大规模推广的瓶颈之一。由于中国低廉的居民电价，配套储能对户用光伏的投资回本周期可能延长约 6 年。因此，配储的应用更多出现在电价较高、峰谷价差大且自用比例高的工商业光伏领域。尽管如此，过去 10 年来，中国市场的储能成本持续下降，预计未来还将进一步降低，到 2025 年可能比 2020 年的价格再降低 50%。当居民阶梯电价、峰谷电

---

3 Wood Mackenzie，"A deep dive into China's renewables landscape"，2020年1月。

价价差能够覆盖电池一次充放电的度电成本时，居民将更愿意投资储能设备。此外，许多创新平价的储能形式也在不断涌现，如可双向充放电的电动农机具、电动车充电桩配备储能等。

电网充分发挥调控及交易功能。电网需要协调各类分布式发电资产，加强调控职能。例如，在光伏发电高峰期下调火力发电强度，或在电力供大于求时将富余电力流向储能，从而优化电力成本，提高稳定性。部分地方电网已开始采用虚拟电厂技术统一优化电量调度。在发电侧，协助企业减少非必要发电成本；在用电侧，参与电力现货交易，提供辅助服务，优化双边交易以获取分成 [4]。在调控的基础上，电力交易将成为未来的另一大重点。市场化的"点对点"交易将在小范围内实现电力流通，使用户可直接进行电力交易。例如，某农户的养殖物流灌溉用电需求可不经过电网，直接从同村村民处购买光伏余电，实现"隔墙售电"。这种电价介于上网电价与居民电价之间，为双方带来收益。当前，"隔墙售电"的应用受到交易模型不成熟、涉及主体过多等因素的限制。未来，明确的政策引导和科学合理的利益分配体系将对推广"隔墙售电"至关重要。例如，在基础"过网费"之外，弥补电网企业面临的电网升级、电力计量及交易平台运维等成本，以提升企业对"隔墙售电"的积极性。

配套支撑体系逐步健全。中央"一号文件"提出加大农村电网建设力度，国家发改委明确了农村光伏的"两个优先"，一是优先支持屋顶分布式光伏发电接自放电网，二是电网企业等应当优先收购其发电量，为农网的升级改造铺平道路。地方政府陆续出台光储补贴政策，为储能技术的成本下降争取时间。光伏企业、地方银行等各方参与者纷纷加入绿色低碳金融产品领域，相关光伏贷款产品在市场上设立了标杆。随着国家级电力交易市场的逐步建立，电力市场改革的大幕也在缓缓拉开。从中央文件到地方政策，从金融产品到公开交易市场的构建，针对分布式光伏的政策体系及市场机制正在逐步形成。

商业模式创新携手新型体系构建

着眼当下，行业领先者正积极探索不同商业模式下的最佳实践："屋顶租赁"

---

4 《9个案例看懂什么是虚拟电厂》，国际电力网，2021年11月。

和"自投自持"两种商业模式，各利益相关方有着相应的挑战和解决方案，电站开发商、银行、跨国公司、保险公司和金融机构等多元主体正在创新商业模式，积极参与分布式光伏的大市场。放眼未来，随着建站成本降低、自投自持占比提高、农村电力消纳水平提升、储能技术完善及电力交易模式跑通，一个用电结构优化、利益分配均衡、电力充分使用的新型分布式光伏发电生态系统正在逐步完善。

对于分布式光伏领域的从业者或观望者而言，可以基于战略定位、业务布局与行业资源，深思在分布式光伏价值链上的切入点及商业实践。例如，电站开发商可通过用户分层模式拓宽获客途径；跨国公司可参与电站开发、光伏资产入股和运营维护等领域，形成电站资产持有方的多元化，推广"整村汇流"等创新并网模式；银行及金融机构可通过创新金融工具和抵押方式，控制绿色金融风险；非营利组织和教育机构通过宣传、教育等举措，提高农户自投自持及后续运维的积极性等。Q

*作者在此感谢**苏颖乐**、**李月**、**蔺芯如**、**倪微琪**对本文的贡献。*

华强森（Jonathan Woetzel）是麦肯锡全球资深董事合伙人，常驻上海分公司；
汪小帆 是麦肯锡全球董事合伙人，常驻上海分公司；
郑文才 是麦肯锡全球董事合伙人，常驻北京分公司；
李星泽 是麦肯锡项目经理，常驻北京分公司；
赵昶 是麦肯锡咨询顾问，常驻上海分公司。

分布式能源业务的下半场：出海打通综合能源服务的“形”“魂”“骨”“脉”

汪小帆，陈嘉文，黄民杰，李阳

本文将从国内分布式能源企业如何出海打造综合能源业务出发，协助企业梳理综合能源服务的“形”“魂”“骨”“脉”，助力国内分布式能源企业行稳致远。

深耕能源应用下游，拓展能源服务场景是各国能源和电力企业转型的热点领域，其中向下游客户提供以分布式能源（DER）为主的综合能源服务是常见的业务形态，它可帮助能源消费者节能减排、提高能源效率，加速客户和全社会的低碳转型。

分布式能源通常指位于用户当地或靠近用户的地点生产电力，提供给用户使用和存储的设备、系统和资产，包括分布式光伏、分布式风电，本地的充电和用电（如储能和电动车），能源管理系统 [如家庭能源管理系统（HEMS）和虚拟发电厂（VPP）] 以及组合搭配形成的智能微电网。分布式能源资产的容量通常较小，位于电力消费者处或附近，在电网计量系统中被定义为“表后”（见图 1）。

随着国内传统分布式能源市场竞争加剧，在现今国内电力市场交易规则待完善，交易品种待丰富的情况下，作为综合能源服务市场的新进入者，国内越来越多的分布式能源企业将目光转向市场成熟度较高、业务模式多样的海外市场，期待实现国内国外业务“双轮驱动”。

本文将从国内分布式能源企业如何出海打造综合能源业务出发，协助企业梳理综合能源服务的“形”“魂”“骨”“脉”，助力国内分布式能源企业行稳致远。

图 1 综合能源服务的产品矩阵和可能的业务拓展方向

非穷尽 　　　　　　　　　　　　　　　　　　　　　　　　　▨ 潜在业务拓展方向

提供综合能源解决方案　　　　　　　　　通过产业链合作实现用能场景全面脱碳

业务场景								
🏠 户用能源	分布式光伏	用户侧储能	家庭能源管理(HEM)/虚拟电厂(VPP)	电动车充电设施(EVCI)	热泵	隔热　碳补偿　废弃物管理		
🏢 商业楼宇	分布式光伏	用户侧储能	虚拟电厂(VPP)	暖通空调(HVAC)	区域供热/制冷	物联网服务/平台	绿色建材	
工商业能源 — 工业场景	分布式光伏 用户侧储能 暖通空调(HVAC)	工业用热和蓄热	工业标准能源管理(比如传感器)	分布式风电	数据分析 能源交易服务	绿氢生产　电解水制氢　CC(U)S　绿氢使用(燃料或原料)　碳补偿 电弧炉　氨电合成　水泥电化学合成　裂解/蒸馏电气化　循环利用方案		
🚗 新能源出行	电动车充电设施(EVCI)	轻型和商用电动汽车	车队管理	电动越野车	计费和其他IT解决方案	氢能卡车　加氢站		

服务内容：审计　监控　咨询与优化　工程　项目管理　安装　融资　运维

开拓商业模式，探索综合能源服务之"形"

无论是国内还是国外，综合能源服务的基础都是"能源"，它始终作为提供服务的载体。而"服务"则占据了核心地位，通过高效满足客户个性化的用能需求，提升客户的满意度。同时，"综合"则是实现多方参与者的商业模式创新的关键。

发展理念 1：在发展综合能源服务时应当坚持以用户需求为中心的理念，而不是以实体产品为中心。应充分考虑用户的能源消费场景，在利用分布式能源的同时，结合节能减耗、绿色低碳等技术，为用户提供能源整体解决方案。

发展理念 2：综合能源服务的主要特征是绿色低碳和智能高效。从用户角度出发，客户的核心需求是提升能源管理水平和降低用能成本。为满足这些要求，一方面利用先进技术提升能源综合效率，降低用户的能源消费总量并优化能源消费结构，从而减少用户的用能成本；另一方面实现智能化流程管控，提高对能源流的精细控制能力。

发展理念 3：随着能源流和信息流的融合越来越紧密，先进信息技术成为综合能源服务的重要抓手。通过物联网、5G、大数据等技术将各类能源设备有机连接，构建设备级综合能源管控平台，以系统集成方式实现综合提效。

因此，沿着这三个发展理念，越来越多的分布式能源企业在选择进入综合能源服务市场时，都会通过提供进入这一领域的多个价值链，以不同业务组合之间的协同效应，谋求综合能源服务商业模式之"形"。

精选价值主张，树立综合能源服务之"魂"

海外综合能源服务市场百花齐放，能否因地制宜，树立价值主张对于各家进入者尤为重要，这是在当地开展综合能源业务之"魂"。德国侧重于能源和通信信息系统的集成，致力于建设智能社区的应用场景。英国关注能源系统间能量流的集成，涌现出集成电力/燃气系统的分布式综合能源系统。美国聚焦于以智能电网为载体的综合能源应用，同时关注用户侧的综合能源服务，促进能源结构优化和能效提升。

由于海外电力市场开放程度较高，各类当地企业早已布局。国内分布式能源作为新进入者可以从以下维度思考，树立业务之"魂"。

生态化： 搭建综合能源生态，确认自身在产业链中的环节，通过核心的产品和服务向下游渠道合作伙伴赋能，如设计、监控、能源管理的数字化平台，构建将开发商、购电方、社区成员、安装商、终端客户等市场参与者有机联系的市场化平台。

定制化： 将多样化的光伏和储能产品搭配成方便渠道分发或终端用户应用的组合结合方案，同时在配套数字化平台方面针对客户的应用场景提供定制。

金融化： 客户在选择分布式能源产品时，省钱和经济性指标是重要的决策考量。可以通过与金融机构合作推出租赁、贷款或用电协议（PPA）等金融类产品，强化其金融收益属性，降低客户转化的门槛。

把握当地渠道，铸就综合能源服务之"骨"

海外当地渠道至关重要。除了选择直面户用与工商业终端消费者外，灵活把握第三方渠道往往能事半功倍。利用当地渠道减少地面营销和销售工作，消除当地建设与安装阶段的瓶颈，可更快铸就综合能源服务强健之"骨"。

可供考虑的路径包括：

- 通过大型零售商，如电子产品及家用电器销售网点，可让国内分布式能源企业接触海量客户，并且与潜在客户面对面近距离互动，从而提升客户对品牌的信任度和知晓度。

- 通过安装商进行间接销售，以激励机制（例如，完成客户走访或销售后应如何计算佣金）为企业提供高质量线索，触达无法通过其他渠道接触的客户。

- 通过物业管理公司，利用其在节能决策问题上对社区的影响，同时因园区建筑或居民楼宇高度集中，有利于推广最佳实践案例。

- 通过当地银行，针对户用综合能源场景，银行的介入将增加客户信任度，银行可以提供直接融资方案，帮助解决客户不情愿支付大额预付款的问题。

合作多方共赢，贯通综合能源服务之"脉"

除了把握渠道商以外，还应借助当地其他"人脉"网络，实现多方合作共赢，贯通自身业务之"脉"。

当地分布式能源业务的拓展与创新可由当地客群作为核心出发点，当地渠道商为基石，向外延伸至当地供应商、公用事业公司、科技企业、科研机构、股权投资/风险投资（PE/VC）、当地头部中资企业乃至能源邻域泛生态合作伙伴，以求实现两"圈"合一。

汇聚资源"合作圈"：在园区、工业厂房、大型商业综合体等重点海外开拓领域，汇集各方优势打造各细分场景的标杆解决方案库；通过与各个当地龙头建立战略合作关系、成立合资公司或参股，强化伙伴关系，携手推动业务。

突破创新"共创圈"：携手合作伙伴，积极探索新商业模式与技术，通过与泛生态合作伙伴共创的模式助力自身综合能源解决方案业务持续创新。

案例分析：端到端业务共创

我们帮助某欧洲领先电力公司围绕分布式光伏价值主张，建立新的综合能源业务，从商业计划书的制订到业务上线仅用时 4 个月。

如何破题和规划？在业务初期进行深入的市场调研，确立了依托全新市场策略实现超过 10% 市场份额的目标。之后我们与客户组成联合团队，在统一的目标下共同推进，在 6 周内实现第一笔销售，并在项目速建的 4 个月内搭建了功能完善的生态系统。

主要包括以下五方面工作。

- 产品开发：确定产品结构与定价，与消费金融合作伙伴开展合作。

- 数字营销：启动数字媒体战略，通过搜索、社交和数字联盟营销获取流量。

- 工具与平台：开发分布式光伏计算器，方便用户快速理解潜在收益，持续进行 a/b 测试，优化报价和促销管理；整合各个来源的数字资产，辅助销售。

- 合作伙伴：为促进销售（如生成、追踪销售线索，异业交叉销售）确定跨行业合作伙伴战略（比如银行、电信公司）。

- 实体服务链：建立覆盖全国的呼叫中心、内部销售、上门销售和设备安装（3 个月，120 名专职员工）以及安装供应商网络。

最终实现一年内营收从 400 万到 4 亿欧元的增长，团队从 4 人扩充至 400 人。Q

作者感谢*Bruno Esgalhado*、*Miguel Lopes*、**李英**、**朱文颖**对本报告的研究和成稿所做的贡献。

汪小帆 是麦肯锡全球董事合伙人，常驻上海分公司；
陈嘉文 是麦肯锡全球董事合伙人，常驻深圳分公司；
黄民杰 是麦肯锡项目经理，常驻上海分公司；
李阳 是麦肯锡咨询顾问，常驻上海分公司。

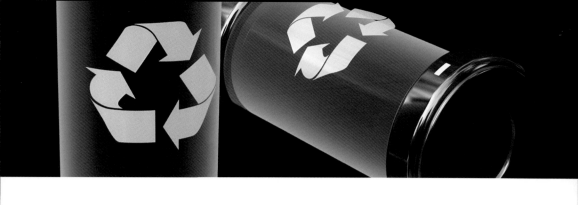

乘风破浪，未来可期：
电池材料企业未来图景

孙俊信，汪小帆，傅强，马俊杰

本文对电池材料行业的未来七大趋势与五大破局策略进行了深度剖析。

随着中国"3060"双碳目标和全球 2050 净零愿景的深入推动，新能源汽车和储能进入快速扩张期，锂电池材料作为核心组成部分，需求激增。在这波浪潮中，中国企业在全球新能源汽车及锂电池材料市场中的份额占比高达 60%，已成为全球新能源转型与降碳减排的中流砥柱。

对电池材料企业而言，未来仍将是黄金十年。虽然行业仍面临矿产资源紧缺、电池材料技术迭代加速以及国际化运营经验不足等挑战，但行业前景充满希望，蓬勃发展势头不减。面对不断重塑的行业竞争格局，企业如何保持快速增长与竞争优势，成为领导者应深入思考的问题。

七大趋势引领未来转型

本文将对电池材料行业进行梳理剖析，我们观察到电池材料行业未来面临着七大趋势：

需求猛增：电池与原材料市场火热

未来十年，全球电池需求将以约 30% 的复合年增长率迅猛扩张。交通工具电气化和储能需求激增成为主要驱动力，预计到 2030 年，全球市场总规模将突破 4000 吉瓦时（GWh），电池材料价值链总价值将超越 3 万亿元人民币，其中中国市场需求将占 40%。预计在能源转型的驱动下，2020—2030 年，中国市场电池需求将持续高速增长。

电池需求的猛增亦催生了镍、钴、锂等原材料需求的不同程度上涨，其中锂的需求预计将以 24% 的复合年增速迅速攀升。作为全球电池材料制造中心，中国在 2030 年有望占据全球钴锂需求市场约 50% 的份额（见图 1）。

图 1 全球电池行业原材料需求

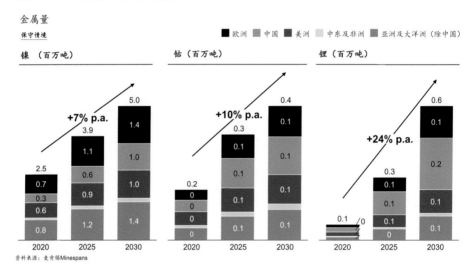

资料来源：麦肯锡Minespans

保障供应：原材料紧张，企业出海求源

在电池需求快速增长的大背景下，新增供应相对缓慢。预计到 2030 年，精炼锂（LCE）的供应缺口将达到 200 万吨，精炼原镍缺口将达到 24 万吨（见图 2）。为应对供应紧张，国内领先金属冶炼企业纷纷投资布局海外生产基地和原材料资源，构筑国内外资源互补的供应格局。

紫金矿业、华友钴业、赣锋锂业等新能源产业链上的厂商，正纷纷在拉丁美洲和非洲等地区布局盐湖、黏土矿等锂资源，以保障上游资源的稳定性与可靠性，助力实现市场扩张。

图 2 镍钴锂供需缺口

2030年原材料的需求和供应预期

2022 H1 保守情况

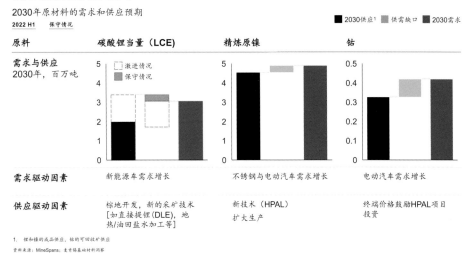

图例： ■ 2030供应1 ■ 供需缺口 ■ 2030需求

原料	碳酸锂当量（LCE）	精炼原镍	钴
需求与供应 2030年，百万吨	□ 激进情况 ■ 保守情况		
需求驱动因素	新能源车需求增长	不锈钢与电动汽车需求增长	电动汽车需求增长
供应驱动因素	棕地开发，新的采矿技术[如直接提锂（DLE），地热/油田盐水加工等]	新技术（HPAL）扩大生产	终端价格鼓励HPAL项目投资

1. 锂和镍的成品供应，钴的可回收矿供应

资料来源：MineSpans；麦肯锡基础材料洞察

技术迭代：电池原材料冶炼技术升级

冶炼技术创新具有增加原料供应、降低行业碳足迹及成本的潜力。在冶炼方面，领先企业正加速部署直接提锂法（DLE）及直接制锂（DLP）等锂冶炼技术，研究精进红土镍矿的火法炼镍（RKEF）及湿法炼镍（HPAL）工艺路线。以吸附法为代表的直接提锂工艺可显著缩小盐田面积，减少自然因素（雨雪、山洪）的干扰，从而降低盐田的维护成本。智利矿业部已要求所有新的锂项目采用直接提锂工艺，以减少资源损失。中南锂业正与金圆股份探索合作，实现电化学直接提锂流程产业化，而韩国浦项钢铁公司（POSCO）和澳大利亚锂矿公司 Vulcan Energy 均已投入建设直接提锂示范工厂。

除原材料冶炼技术的快速迭代外，电池技术创新对电池材料企业的生产工艺也提出了更高要求。例如，电池高镍化需要正极材料生产商确保产线兼容多种物化指标产品；高镍三元制备要求更复杂的烧结工序及包覆等改性工艺，以增加稳定性，提高正极材料生产商的技术壁垒。科研机构、初创企业仍在加大对负极、正极材料和电解质技术的投入创新，这些努力有望进一步提高电池性能。我们预计下一代电池技术，如钠离子电池、固态电池（SSB）等，有望在2025—2030年实现大规模商业化。

政策制约：贸易保护影响材料供应链

电池需求的蓬勃发展促使各国纷纷制定相关政策法案，以期在未来能源转型中占据更大话语权。市场国如美国通过了《通胀削减法案》和《基础建设法案》(IIJA)，对电动汽车和电池原材料产地加以限制，引导领先企业在当地构建完整产业链，以符合补贴政策要求。资源国如加拿大、智利、津巴布韦、印尼纷纷针对锂、钴、镍等关键原材料出台政策，采取禁止原矿出口、征税、限制中资企业持有矿业资产等措施。愈发严格的法规监管将影响供应链的现有运作模式，中国企业的国际化进程将迎来新一轮挑战。

合作拓展：多元模式助力产业链发展

电池产业链上下游企业日益紧密融合，业务互相渗透，协同能力同步加强，通过并购、合资、合作协议等方式与其他环节的优势企业结盟，拓展产业版图，获得竞争优势。金属生产企业顺势而为，向下布局电池材料加工与电池生产，拓展产品组合，把握新能源赛道发展机遇；下游电池企业则通过收购矿产资源，确保原材料稳定供应。

以华友钴业为例，公司初创时聚焦有色铜钴，2016 年起开始布局新能源相关业务，打造从上游镍钴锂资源开发、冶炼到三元前驱体和正极材料制造，再到锂电回收的一体化完整布局；与行业巨头青山及淡水河谷等携手合作，在稳固传统业务收入的同时，逐步放量新能源业务；在产品方面，与下游浦项化学和特斯拉等企业签订两到三年长期前驱体购销合同，建立稳定的供需关系。

绿色减碳：可持续助力供应链改革

低碳与可持续性正逐渐成为监管机构、消费者和汽车厂商的关注焦点。作为低碳倡议的先行者，众多汽车厂商积极响应，公开发布了净零目标。由于电池占电动汽车生产排放量的 50%，厂商的举措必将推动上游电池材料供应商加速减排。目前市场中，多家头部原材料企业设定了减碳目标，致力于减碳技术的研究与应用。

紫金矿业、江铜集团等企业纷纷承诺实现 2029 年碳达峰的目标。华友钴业更是走在前列，率先在成都建立全球首个正极材料行业"零碳工厂"，成为全球首家动力电池梯次利用零碳工厂，并设立了子公司，专注于二氧化碳减排和转化技术开发以及碳捕捉、利用和封存（CCUS）。

资源回收：供应缺口激发循环价值链

随着电池材料回收技术的日臻成熟，企业正在回收领域加大布局力度。寒锐钴业、厦门钨业、中伟新材料等企业已建立了产能约 5 万吨的废旧蓄电池回收基地。不仅矿业公司、电池材料企业正在开展废旧电池正极材料回收，以扩充供应，初创企业也在加速布局，吉锐科技、力合厚浦正在新建磷酸铁锂及三元电池正极材料循环利用一体化基地，打通废旧电池拆解、正极材料循环回收到前驱体制造链路。预估到 2030 年左右，循环电池市场规模将超过 160 亿美元，相当于 400 万吨的可回收材料量。

五大策略制胜未来市场

电池材料行业发展迅速，未来市场潜力巨大，但竞争激烈。在变幻莫测的市场环境下，行业领导者需要展现前瞻性的战略思维，充分挖掘利用市场潜力，不断提升核心能力，维系领先地位。我们提出了以下五大策略，助力企业制胜未来市场。

积极参与价值链拓展：布局优质上游资源（如优质镍钴锂矿产资源）以抵御供应短缺与价格波动，或向下游高附加值产品延伸（如三元前驱体和正极材料），提升企业价值创造能力与成本优势；此外，通过合资、并购、战略合作等多种途径，聚焦新品类，实现业务多元化增长。

建立全球化治理体系：提升国际化经营水平，实现资源与效率平衡，同时积极应对日益严格的海外监管挑战；在保持总部管控职能的同时，借鉴全球范例公司最佳实践，设计按站点、按产品或按区域的组织方法，选择专注于产量利用率或独特竞争力的市场定位。

推动绿色可持续发展：结合中长期战略，在采购、生产、营销等端到端价值链运营环节，通过多种改善方法实现"单位绿色资源利润率"最大化，降低能耗，推进可持续能源应用；针对业务端脱碳目标，通过从基线诊断、机会识别分析到行动计划的"三步走"方法，制定明确的减碳举措，实现减碳效益和经济效益的双赢。

跨周期管理企业资本：在市场供需和定价的基础上形成对周期的理解，融入中长期投资策略、商业战略和资本战略，打造高自由度的管理战略，穿越周期；结合卓越运营，提升诸如自然资源、地理位置等结构性禀赋，培育嵌入组织思维和行为的周期循环能力。

结合精益管理和数字化：有机整合数字化与精益，重塑端到端流程，实现数字化管理与卓越运营；聚焦五大维度，精选并部署数字化精益工具，全方位提升效益（具体可参见《精益管理与数字化：打破界限，携手飞跃，共创企业持续竞争力》一文[1]）；根据企业特点，因地制宜，落实工具，提升经营效率与生产力。

• • •

中国企业在电池材料赛道上取得的傲人成绩有目共睹，市场发展趋势亦将为广大企业带来无限机遇。与此同时，行业需要面对供应紧张、海外监管趋严等诸多挑战，更要应对数字化、低碳化的行业变局。

长路漫漫，只争朝夕。我们相信，凭借睿智的战略选择与持续的能力提升，中国电池材料企业必将砥砺前行，于变中求进，结合市场发展、自身禀赋和客户需求，走出具有企业特色的高质量可持续发展道路，迈向新的高峰。Q

---

1 文章链接：https://www.mckinsey.com.cn/精益管理与数字化：打破界限，携手飞跃，共创企业持续竞争力。

作者感谢**李璇**、**卢俊烨**、**王循**、**于泽茜**、*Marcelo Azevedo*、*Yunjing Kinzel*对本文的贡献。

孙俊信 是麦肯锡全球资深董事合伙人，常驻香港分公司；
汪小帆 是麦肯锡全球董事合伙人，常驻上海分公司；
傅强 是麦肯锡全球董事合伙人，常驻深圳分公司；
马俊杰 是麦肯锡专家，常驻上海分公司。

助力可持续转型，打造绿色竞争优势

打开绿色业务新空间：
顶尖创业者如是说

Vinayak HV，Tomas Laboutka，倪以理，张海濛

> 在迈向净零世界的征程上，五大关键步骤可助力企业在绿色商业的崛起中抢占先机。

在碳中和大潮中，各行各业正努力采取大胆的减排行动，以期在这个万亿级市场中把握先机。正如科技浪潮曾促使传统企业审视和改革商业模式一样，如今无法及时将可持续发展理念融入核心战略的企业亦将面临新一代绿色科技公司的冲击。汇聚来自能源、替代蛋白食品、农业、绿色科技、建筑、环保消费品等行业创业者们的智慧，我们总结出了在绿色业务崛起过程中取得成功的五大关键步骤。

步骤一：抓住市场机遇，洞悉需求

企业可持续发展所带来的新需求孕育着万亿美元潜在市场机遇。根据麦肯锡的研究，在央行与监管机构绿色金融网络（NGFS）的"2050净零情境"下，未来30年实物资产累计支出需求将高达275万亿美元。

为解锁这一巨大商机，企业首先需深入了解客户需求与行为变化。正如一位替代蛋白初创公司CEO所言："我们不能忽视这个事实：绝大多数人并非受道德驱动。他们的行为并非基于道德判断，而是像追求美食一样，追求快捷安全的汽车。"

绿色业务一旦步入正轨，就要制订可行计划，提升生产效率。一位植物肉公司CEO兼联合创始人表示："我们估计牛肉市场年度总规模达5000亿美元。凭借独特的技术架构，我们有望覆盖整个市场。假设我们占据1%的市场份额，需要以每千克20美元的价格生产25万吨New-Meat产品。预计到2025年我们将具备这样的生产能力，到2027年实现这一销售规模。借助自动化投资以及不断成熟的技术，生产率可大幅提升。"

步骤二：差异化创新产品，独树一帜

成功的关键，在于深厚的行业知识和创新思维的紧密结合。要在绿色业务领域打破陈规，除了掌握行业知识和创造力，还须深入理解技术应用。构建多元化、包容性的团队是推动产品创新的重要基石。与此同时，还应结合历史销售数据和消费者洞见，掌握客户喜好，为产品决策提供有力支撑。

一位房地产公司 CEO 兼创始合伙人分享道："我们发现，在庞大的市场中，有数百万套公寓在售，海量数据可供分析。因此，我们通过数据挖掘来判断人们更愿意购买何种类型、多大面积的公寓。如今，在承销和设计产品时，我们始终坚持数据驱动……这正是中国市场的魅力所在，因为只有在这里，你才能利用大数据来指导决策。"

此外，企业还要在长期研发计划与快节奏的产品投放之间寻求平衡，以实现先发优势、积累市场洞察力、解决资金需求。

步骤三：赢取尝鲜者芳心，扩大影响

一套精心策划的投放战略既可教育客户，又可提供必要的背景信息。企业应明确传达产品使用方法及其背后的深远意义，借助成功案例赢得尝鲜者的喜爱，从而助力产品在更广泛的客户群体中得到普及。

"市场投放和沟通战略至关重要，对于新产品获得优异表现和赢得首批用户至关重要。在产品初期推广阶段，你必须引导用户如何使用产品，并向他们传递产品的价值……然而对于植物肉，我们缺乏相关认知，所以如果在尝鲜过程中出现问题，消费者会直接认为'那个产品不行'。我们必须避免这种误解。"一位植物鸡肉公司CEO 如是说。

在开拓海外市场时，产品本地化和建立本地合作关系成为快速吸引首批用户和

获得好评的有效手段。例如，某全球植物肉公司针对本地菜系推出了更适合制作当地美食的产品，以迎合当地根深蒂固的肉类消费文化。

步骤四：组建"梦之队"，共谋未来

企业能否在培育新业务的同时成为市场领导者，关键在于消除员工对失败的顾虑，打造自上而下的关怀文化。绿色企业须设定明确的可持续发展目标，并与全体成员共享，指引公司开展行动，吸引顶尖人才。

对于初创绿色企业，这一理念在早期尤为重要，因为那时资金紧张，技术尚处在开发阶段。在担忧消退后很长一段时间，这种理念仍应贯彻至扩张和成熟阶段。某汽车电商平台总裁认为："这就要求一个使命驱动型团队，真正关心我们所要解决的问题，并在大家为新目标拼搏的过程中，因每一点进步而备受激励、获得赋能和成就感。随着公司由一个团队发展为一个组织，我们应通过细致的传播与精心组织的行动来传达和建立这样的文化。"

同时，绿色企业要确保充足且合格的劳动力，除了吸引合适人才，还要针对未来机遇制订培训计划，提升或调整员工技能。以英国 Octopus Energy 为例，该公司设立了热泵研发与培训机构，旨在加速该技术的普及。在学术领域建立人才培养渠道也助于企业填补技能缺口。壳牌（Shell）便是休斯敦大学能源转型学院的创始合作伙伴，学生将与壳牌科学家共同研究氢能、碳管理及循环塑料等核心领域课题。

步骤五：化解关键风险，奋力共赢

构建绿色事业，难免会遭遇重重挑战。越来越多的客户开始关注可持续发展的产品与服务，甚至愿意为此承担一定溢价。越来越多的企业与投资者把可持续发展作为业务重心。然而，价格仍是制约消费者拥抱可持续产品与服务的一大障碍。采用垂直整合的商业模式，建立战略合作伙伴关系，有利于企业降低绿色溢价。

一位植物鸡肉初创公司 CEO 兼联合创始人表示："有人认为植物肉价格昂贵，这其实是一种误解。问题的关键在于时间与规模。植物肉仍处于投资与发展阶段，这个阶段的技术与资本投入会导致绿色溢价。这个阶段过后，生产成本并不会上升。一旦实现顶尖肉类公司的垂直整合模式，便可以提升效率、降低采购成本，与它们的产能规模平起平坐。关键在于：整个品类何时能达到这个平衡点。"

有时，企业需为供应商提供支持，助力后者发展壮大。提升运营水平亦有助于降低绿色溢价，对企业与消费者而言皆为共赢之举。

启示

虽然绿色商业发展潜藏风险，但亦蕴含增收、盈利与降低成本的机遇。对于立志开展绿色业务的管理者而言，思考以下问题有助于其踏上新征程：

- 哪些高潜力绿色商机与现有核心业务在客户、技术、生产、供应链等方面最具协同效应？是否应拓展与核心业务紧密相关的全新市场？

- 绿色业务在公司整体业务布局中应如何定位与优先发展？能为公司实现业务目标和可持续化转型目标带来哪些价值？

- 我们的竞争优势何在？如何把握价值创造的关键点，捕捉效率、增长和提高利润率的机会，同时妥善应对潜在的不利因素？

- 目前的组织架构、业务流程与人才队伍是否能顺应新的工作模式，拥抱创新技术？Q

作者在此感谢**汪小帆**、**廖绪昌**和**白银莲**对本文的贡献。

Vinayak HV 是麦肯锡全球资深董事合伙人，常驻新加坡分公司；
Tomas Laboutka 是麦肯锡全球副董事合伙人，常驻新加坡分公司；
倪以理 是麦肯锡全球资深董事合伙人，麦肯锡中国区主席，常驻香港分公司；
张海濛 是麦肯锡全球资深董事合伙人，常驻香港分公司。

从"可选"到"必选"
——当可持续投资成为新常态

曲向军，方溪源，郑文才，刘奇昕

本文介绍六大绿色投资主题的巨大潜力，接着从投资策略、投资工具、投资运营这三大角度为广大投资者提出可持续投资落地实践的具体建议。

可持续投资——曾经的"偏门"，而今已发展成为规模可观、迅速扩张的市场力量。本文以绿色投资为切入点，介绍六大绿色投资主题的巨大潜力，接着从投资策略、投资工具、投资运营这三大角度出发，为广大投资者提出可持续投资落地实践的具体建议。

六大绿色主题，万亿美元投资机会

在气候变化的背景之下，绿色主题投资成为可持续投资的重要组成部分。随着全球各国致力于推进净零排放目标，可持续发展浪潮持续冲击各个领域，随之而来的是隐藏在潜力主题下的巨大投资机会。综合考虑投资可行性与发展潜力两方面，我们以绿色投资为切入点，总结了六大投资主题。放眼全球，这六大投资主题将在2030年带来7万亿～11万亿美元年的投资机会（见图1）。

图1 六大绿色投资主题

初步，非详尽

	绿色能源	绿色交通	可持续建筑	循环产品和包装	农业改良	绿色技术
子投资主题	**$2 300~ $3 500B**	**$2 300~ $2 700B**	**$1 300~ $1 800B**	**$850~ $1 200B**	**$530~ $1 200B**	**$280~ $400B**
	可再生能源发电	电动汽车	能源效率管控提升	垃圾分类处理及基础设施	低碳蛋白质	工业流程脱碳
	智能电网	充电基础设施和能源服务	建筑电气化	可持续包装	农业创新和提产	碳捕捉、利用和封存（CCUS）
	灵活性和能量存储	下一代电池	绿色建材	循环产品与旧物升级改造设计	作物保存/减少浪费	
	氢能		现场清洁能源	逆向物流与供应链服务	甲烷抑制剂	
	生物燃料					

绿色能源（投资机会：2.3万亿～3.5万亿美元）

能源行业是全球温室气体排放量最大的行业，开展能源行业脱碳、实现化石能源向绿色能源转型，是实现全球净零目标的关键一环。其中，可再生能源发电、智能电网、电力系统灵活性和储能解决方案、电网和客户能源分析、氢能、生物燃料等细分赛道具有较大潜力，值得重点关注。

绿色交通（投资机会：2.3万亿～2.7万亿美元）

绿色交通包括电动汽车、充电基础设施、下一代电池技术、可持续航空等，均是极具潜力的投资赛道。其中，电动汽车有潜力成为绿色交通领域的最大赛道之一，相关配套产业（尤其是充电基础设施和电池技术研发制造）也将迎来高速增长和可观的投资前景。在充电基础设施赛道，我们发现国内许多企业已经开始布局充电基础设施领域，重点聚焦充电设备生产、支持技术开发和设施运营这三大方向。充电行业仍然面临着便利性不佳、运营效率不高等方面的诸多挑战，尤其是电网容量和平台之间缺乏互操作性的问题，但中国已有物联网公司通过算法和集中供给等方式试图着手加以解决，并受到投资者密切关注。

绿色建筑（投资机会：1.3万亿～1.8万亿美元）

建筑生态在实施减排过程中可带来投资机会，核心投资机会包括绿色建材、能源效率提升、建筑电气化、现场清洁能源等。企业可从楼宇建设和建筑运营养护两大建筑碳排源出发，思考减碳解决方案。楼宇建设方面，绿色建材蕴藏着巨大的发展机会。建筑运营方面，可通过提升能源管控效率（如开发高效照明、隔热技术、能源监测和自动化调节等技术）以及减少化石能源的使用（如建筑电气化、使用清洁能源等）降低碳排。

循环产品和包装（投资机会：0.85 万亿～1.2 万亿美元）

国内外对循环经济的关注分布于垃圾分类与处理、可持续包装、循环产品与旧物升级改造设计、逆向物流与供应链服务等多个赛道。在可持续包装赛道，越来越多的企业已经着手开发解决方案，一种常见的方式是开发生物可降解材料，比如，近年来备受投资者青睐的海藻的包装材料。

农业改良（投资机会：0.53 万亿～1.2 万亿美元）

农业改良领域包括农业创新和提产、替代蛋白、粮食和作物保存技术、甲烷抑制剂等投资领域。农业创新和产量提升的核心，包括农作物与牲畜的韧性和产量两个方面。在众多农业创新产品和技术中，替代蛋白不仅能减少大量温室气体排放，还节省了传统畜牧养殖所需消耗的大量土地、粮食和水资源，成为受投资者欢迎的赛道之一。

"棕色"到"绿色"工艺技术（投资机会：2 800 亿～4 000 亿美元）

在一系列绿色技术中，工业流程脱碳以及碳捕捉、利用与封存（CCUS）是两大热点主题。这两项技术将成为实现减排目标的重要手段，也将成为绿色技术领域的重点发展方向。其中，CCUS 是实现脱碳目标所必需的"最后一招"。在中国，除了一些石油化工企业的研究所在研发 CCUS 技术外，初创企业也积极投入碳捕捉与利用领域，受到资本市场的密切关注。

除了通过较为直接的主题投资来追求绿色机遇之外，投资者（尤其是投资组合管理者）也可以通过一些 ESG（环境、社会与治理）投资方法，如筛选出 ESG 绩效中"E"维度评分较高的上市企业作为潜在标的，来推动可持续转型。下文我们将介绍适用于更加广义的可持续投资的实践方法。

三大抓手，可持续投资与传统业务相融合

工欲善其事，必先利其器。面对万亿美元投资机会，投资者应该如何选择符合自身发展战略的赛道，又该如何着手开展可持续投资转型，实现可持续业务与传统业务高效并行呢？

我们发现，如果可持续投资的核心工作被有机整合到既定的投资流程中，而不是在此之外平行开展的话，可持续投资就更见成效。基于此，我们建议投资机构从投资策略、投资工具、投资运营这三个方面加以思考，将可持续投资战略同投资流程与投资运营有序融合。

投资策略

投资策略得当将为可持续投资的成功保驾护航。在可持续投资策略的制定中，投资者需要考虑三个关键问题。

第一，投资者的信念。制定可持续投资策略首先应明确投资者的可持续发展愿景和相关要求。对于投资机构而言，可持续投资策略需要构建在机构的整体投资委托之上才能成功。

第二，可持续重要性排序。投资者是希望在气候治理方面有所建设，还是希望更多的资金流向废弃物管理的先锋企业？对于主题投资，投资者可以帮助投资人树立信念，并结合可持续细分赛道的发展前景，初步判断可持续主题。对于其他投资形式（如 ESG 投资），投资者可以参考一些权威机构开发的识别重要 ESG 因素的方法，如可持续会计准则委员会（SASB）的实质性地图（Materiality Map），借此初步识别不同行业的 ESG 侧重点。

第三，风险与回报的平衡。投资者是偏向于风险规避，还是价值创造？不同的投资偏好可能意味着全然不同的标的筛选方式（详见下文）。

此外，企业也要设计指标，评估追踪可持续投资策略的进展，比如一些优秀的机构投资者，往往通过可持续资产的比例、投资组合中企业的 ESG 业绩（如碳排放强度的降低百分比）等指标，来监测可持续投资策略的推进情况。

投资工具

在确立了可持续投资战略之后，投资者就要根据战略方向选择合适的投资组合

筛选方法。

构建和管理投资组合有三种主要方法：负筛选（基于 ESG 考量，将不达标的企业或领域剔除）、正筛选（增加 ESG 因子较高的股份的权重）和股东参与法（通过介入被投企业的董事会或管理层，改善其 ESG 绩效）。

对于关注控制风险的投资者来说，负筛选必不可少，策略的设计应剔除有特别 ESG 风险的公司、行业或地域，或者需要与企业管理者就如何降低 ESG 风险进行对话。而对于更关注价值创造和业绩的投资者而言，正筛选是常见的选择，投资者将 ESG 业绩的财务影响纳入基本面分析，遴选出与投资者可持续战略相符的商业选项或者 ESG 业绩突出的资产。

如果一个机构投资者与董事会或管理团队关系密切，那么它可以优先选择股东参与法，将可持续性问题纳入公司讨论议程。

投资运营

在运营层面，投资机构可以着手以下两个方面：

1. 打造可持续投资队伍与专业知识

领先的投资机构会在投资团队中安插 ESG 专家。除了聘请内部专家之外，投资机构也可选择通过购买商业数据库、聘请外部顾问以及加入相关组织（比如联合国责任投资原则组织，简称 PRI），获得执行可持续投资策略的专业知识 。

2. 监测投资经理的表现

无论通过内部还是外部经理人来打理投资组合，机构投资者都需要定期审核经理人的业绩。一些头部基金已经将 ESG 因素纳入聘用外部经理人的尽职调查，招聘之后，也会将 ESG 绩效作为半年度或年度业绩审核的一部分。机构可以使用外部工具，如 PRI 设计的 ESG 调查问卷；或是自行设计评估工具，比如一些投资者通过创建 ESG 分值卡补充合同条款的附函，用来明确外部经理人的 ESG 绩效标准。针对内部经理人，除了上述方法之外，一些投资机构已开始尝试将经理的 ESG 绩效与薪酬挂钩。

三个阶段，逐步迈向可持续转型的成功之路

短期而言，识别可持续发展机会，制定适合的可持续投资战略和方法。投资者

需要结合自身投资偏好、投资理念与信念以及可持续发展赛道潜力等内外部因素制定适合的投资战略，为可持续投资实践之路打好地基，设定正确的航行方向。此外，投资者需要量身定制适合的标的筛选方法，以促进可持续目标和财务目标的融合。

中期来看，应用合适的资源与方法，将可持续投资融入投资流程。 成功的可持续投资融合离不开可靠的运营，尤其是扎实的基本功以及系统化的评估体系。投资者可以通过招聘可持续领域人才，或是利用外部资源，打造扎实的可持续发展专业水平与团队。同时，投资者需要开发或引入评估方法，来追踪可持续发展战略的落地情况，例如，针对投资标的的环境可持续衡量指标，以及针对投资经理的绩效评估评分卡。

长期而言，评估投资组合的 ESG 风险敞口，促进业界可持续衡量标准的制定。 少数基金已经开始系统地评估整个投资组合所面临的重要 ESG 风险，尤其是气候变化和能源消耗。此外，投资者需要一起努力，建立更加体系化的可持续衡量标准。近年来，前沿投资者建立的全行业碳足迹测量标准取得了长足进展。除此之外，针对其他大多数可持续主题，尚未形成一套成熟的衡量标准。风物长宜放眼量，投资者需要识别未来的差异化竞争机会，在可持续投资的时代脱颖而出。

● ● ●

在一个追求环境、社会与经济和谐发展的时代，财务回报已不再是资本市场决裁胜负的唯一指标。当可持续投资逐渐成为资本市场的未来之星时，面对万亿美元的投资机会，不论是机构还是个人投资者，都需要通过制定合适的可持续投资方向、积累相关议题的专业知识、选择正确的可持续 /ESG 投资工具，并以可持续投资与传统投资流程相融合等方式，为可持续投资把航定向。Q

作者感谢**马奔**、**廖绪昌**、**黄家恩**、**李宗顺**、**邱彦程**、**吴雨桐**、**章淑蓉**、*Clarisse Magnin*、*Sara Bernow* 对本文的贡献。

曲向军 是麦肯锡全球资深董事合伙人，常驻香港分公司；
方溪源 是麦肯锡全球董事合伙人，常驻香港分公司；
郑文才 是麦肯锡全球董事合伙人，常驻北京分公司；
刘奇昕 是麦肯锡项目经理，常驻上海分公司。

从内部碳定价出发，
开启企业碳减排之旅

吴昕，赵赫，王思佳，廖绪昌

> 企业在低碳转型的过程中，可通过内部碳定价有效衡量减排的成本与价值，辅助决策。

内部碳定价（Internal Carbon Pricing，简称ICP）是企业赋予一吨二氧化碳的货币价值。ICP机制是指企业制定内部碳价格并将其运用于决策过程中的一种方法。通过将温室气体排放量换算成直观的经济指标或费用（如"影子价格"、内部碳费等），进而将减排融入各项管理决策中，有利于企业更有效、更高效地脱碳。

在进一步了解ICP机制之前，首先须厘清三个问题：第一，企业当前的外部环境是否具备清晰的减碳监管要求（如纳入碳市场、碳税、碳边境税等），未来是否存在此类监管风险？第二，企业当前是否由于所处行业和外部环境复杂导致难以制定清晰的减碳路径？第三，企业是否因缺失减碳举措经济性评估标准导致决策效率低下乃至比较混乱？如果以上皆是，那么企业可考虑设计自身的ICP机制。若相关监管已较明晰，或企业已有清晰的减碳路径规划及具体的落地举措，使用ICP的必要性则较低。

合理的ICP和ICP机制能解决传统减碳举措的四大痛点，有利于实现结构化脱碳。

- 传统业务惯性大，难以基于长期风险改变短期行为：ICP能以量化碳排放的方式对决策（尤其是能产生中长期影响的决策）进行可持续性风险（如未来碳监管风险）或价值评估；

- 减碳工作组跨部门沟通及推行低碳措施成本高：ICP可系统性地为公司减碳项目提供资金，推动各部门自主减碳；

- 组织内接受、应用低碳观念耗费时间长：ICP将碳排放换算为经济成本，通过具体的经济利益的概念让企业内部对碳的认知更加直观；

- 减碳措施投入产出比不清晰，难以有效应用在决策中：ICP从企业层面为

减碳项目或举措提供统一的经济性评估标尺，可鼓励减碳创新，优化减碳
效率，创造更大的决策价值。

内部碳定价越来越多为企业所采用

在全球碳达峰、碳中和的大趋势下，越来越多的行业头部企业开始采用ICP
衡量碳的价值。欧洲企业使用ICP最为普遍，其中能源、材料、金融服务、电子通
信、工业行业的采用率和定价都较高。

碳披露项目（Carbon Disclosure Project，简称CDP）2019年的数据显示，
全球约2600家公司中，有23%已经开始使用ICP，另有22%的企业计划在未来
两年内采用ICP。

不同地区、不同行业的ICP使用率存在差异。营收排名前100的公司中，欧
洲（28%）、日本（24%）和美国（15%）企业的ICP使用率最高；能源（40%）、
材料（30%）和金融服务业（29%）使用ICP最为普遍（见图1）。

图1 内部碳定价在能源、材料和金融服务行业最为常见

各行业内部碳定价采用率[1]，%

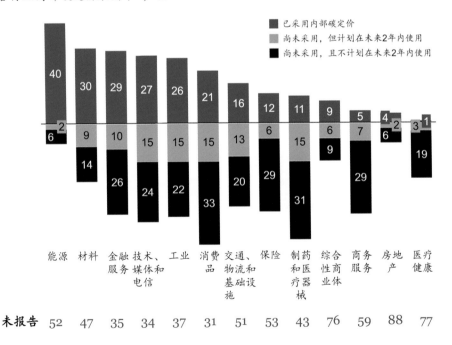

1. 样本为2019年各行业营收排名前100的公司

资料来源：CDP 2019年报告

53

此外，由于全球范围碳价格不统一，不同地区、不同行业的 ICP 定价差异也较大（见图 2）。基于 CDP 2020 年的数据，从地域分布上看，营收前 100 名的公司中，欧洲企业的平均 ICP（每吨二氧化碳的定价）为 41 美元，亚洲企业为 28 美元，美洲企业的平均 ICP 为 22 美元；从行业分布上看，消费品（81 美元）、房地产（52 美元）、工业（46 美元）行业的 ICP 定价中位数较高。

从全球范围看，对碳排放监管越严格的地区（如欧洲），ICP 的使用率和定价均越高。随着我国对各行业碳排放管控趋于严格、碳配额政策和碳交易市场的普及，我们相信越来越多的国内企业将开始使用 ICP 帮助减碳。从行业上看，能源、材料、金融服务、电子通信、工业行业可率先使用。

图 2 消费品、房地产和工业行业内部碳定价较高

各行业内部碳价格分布[1]，美元/吨二氧化碳　　　　　● 其他　● 欧洲　● 亚洲　● 美洲

行业[2]	中位数价格	美元/吨二氧化碳
消费品	81	
房地产	52	
工业	46	
能源	40	
综合性商业体	36	
材料	35	
保险	20	
制药和医疗	17	
交通、物流和基础设施	15	
技术、媒体和电信	14	
商务服务	12	
金融服务	9	

能够保证企业达到 2020 年《巴黎协定》要求需减少碳排放的定价范围

1. 样本为 2020 年各行业营收排名前 100 且使用内部碳定价的公司。已除去 6 家内部碳定价高于 120 美元/吨的公司：佳能、大金工业、耐克、三井住友、东京电子、西太平洋银行
2. 麦肯锡行业分类

资料来源：CDP 2020 年报告

ICP 机制主要有影子价格和内部碳费两种形式

企业在制定和应用 ICP 时，应优先聚焦碳排放高、减碳见效快的领域，并根据不同领域的特性采用不同的 ICP 机制。在定价方面，在保证推动减碳的前提下，不应过多增加企业成本负担，以更低的单位成本实现减碳。

企业通常会根据不同的减碳目的使用不同的 ICP 机制。常见的 ICP 机制根据是否收取实际费用分为影子价格和内部碳费这两类形式。外部监管弱、减碳目标低的企业通常采用影子价格帮助决策；外部监管强、减碳目标高的企业则通常收取内部碳费，将所得专门用于减碳。

影子价格举例：某外资金融巨头以联合国全球契约组织倡导的单位减碳成本（100 美元 / 吨 CO_2）和企业愿意为减碳付出的最高成本为依据，设定了 112 美元 / 吨（约合 760 元人民币 / 吨）的内部碳排放影子价格。此举不仅增强了管理层的碳认知，为后期减碳投入做好了铺垫，也量化了各项举措的碳成本，并将其纳入决策流程中，促进企业达成碳中和目标。

内部碳费举例：某外资科技巨头为达成 2030 年负碳排放的目标，成为领先低碳企业，于 2010 年设立内部碳费，各部门须为自身产生的碳排放支付 8.5 美元 / 吨（约合 57 元人民币 / 吨）的费用，而这部分费用被投入集中的资金池，专项用于可持续发展方面的改进措施和碳消除活动。2020 年，该公司将范围 1、2 和部分范围 3 碳排放纳入内部碳费覆盖范围。

汽车制造业作为国民经济的核心支柱产业，覆盖广泛的上下游，合理管控其碳排放，能在市场减碳中起到统筹和引领的作用。截至 2021 年，上海、北京等试点城市已将部分车企的范围 1、2 碳排放纳入监管。未来，某些发达国家或地区的碳边境税也可能覆盖范围 3 上游（供应链）的碳排放。在此监管大势下，采用 ICP 能帮助车企以合理的成本实现经济减碳。

部分领先车企已经开始根据自身目的使用相应的 ICP 机制。某外资豪华车企于 2021 年公开发布企业内部碳定价，以约合 640 元人民币 / 吨的二氧化碳排放价格，兑现 2040 年净零排放的目标。该企业通过计算车辆每一吨可预见碳排放产生的碳成本，引导采购、制造、投资项目的相关决策，帮助企业实现可持续发展。比如，在供应商定点上会时，把部分汽车零部件本身的价格、碳价格、两者之和等都注明在方案中，供决策参考。虽然当前碳价格尚不影响最终决策，但这一机制有效提升了企业内部对碳排放的认知。另一外资车企也于 2021 年采用最高约合 140 元人民币 / 吨的内部碳排放影子价格，作为其整体脱碳战略的重要工具。内部碳定价不仅在决策时帮助量化了碳排放相关的长期风险，也成为衡量减排成本效率的标尺。该车企根据每年的减排目标定期重新评估内部碳定价，以保证价格与整体可持续发展路径规划相一致。

应考虑四个核心问题

- 用在哪里：行业不同领域产生的碳排放各不相同。基于企业应用 ICP 的底层逻辑，应首先聚焦碳排放量大、未来监管可能性高的决策领域，优先在这些环节使用 ICP。

- 怎么应用：根据不同的应用目的，企业应在不同决策领域因地制宜使用不同的 ICP 机制。例如，对减碳要求高的领域可以采用影响力更大、更严格的 ICP 机制；对减碳要求低的领域则可主要通过 ICP 增强企业内外对碳的认知。

- 价格多少：企业应在不同时期，根据内部减碳目标和外部监管要求设定各领域专属的 ICP。减碳目标保守的企业，碳价可设定得相对较低；反之则须设置较高的 ICP，激励企业尽早开始减碳。ICP 也须与外部监管（如碳边境税、碳配额、碳市场价格）挂钩，保证企业以低于社会减碳成本的价格高效减碳。

- 如何长效：企业可考虑设置 ICP 专项决策委员会，统筹规划 ICP 机制迭代的方式、频率，建立起 ICP 减碳长效管理机制。决策委员会下属工作团队须定期输入各项内外部参数（如外部监管要求、内部减碳目标等），以输出各阶段适用的 ICP 价格；此外，工作团队需明确在各业务部门应采用何种 ICP 机制，以及在实际决策流程中如何引入 ICP。

• • •

ICP 机制可以帮助企业量化碳排放成本，辅助决策，为企业更好地评估中长期外部政策风险提供标尺，激励内部创新减碳举措的推行，因而可作为企业可持续性发展战略中的重要工具。在应用 ICP 时，企业须抓大放小，针对不同领域进行合理配置，并思考如何实现 ICP 机制的长期维护和迭代，确保以长效管理机制释放 ICP 潜力，早日达成企业减碳目标。Q

*作者感谢**余思洋**、**黄星铭**、**印俊霖**、**苏颖乐**、**李月**对本文的贡献。*

吴听 是麦肯锡全球董事合伙人，常驻深圳分公司；
赵赫 是麦肯锡全球副董事合伙人，常驻北京分公司；
王斯佳 是麦肯锡资深项目经理，常驻上海分公司；
廖绪昌 是麦肯锡全球副董事合伙人，常驻香港分公司。

五大举措打造杰出"绿色银行"

曲向军，马奔，郑文才，章淑蓉

> 基于麦肯锡对国际银行在绿色融资领域的最佳实践研究，我们总结了促进绿色融资、增强投资者信任的五大策略，供相关机构参考。

作为经济融通枢纽，金融业对可持续发展至关重要。随着可持续发展越来越受到政府监管、消费者等各方关注，绿色产业发展、传统企业的绿色转型已成为大势所趋，并催生大量融资需求，社会对于资本市场的绿色转型期待也在不断提高。银行作为引导资本走向的关键一方，有义务也有能力为绿色转型做出贡献。

近年来，中国的绿色金融市场发展迅猛，部分领先银行已经开始先试先行。它们在积极与国际接轨的同时也结合本土市场特点、政策监管要求和客户需求，探索绿色金融领域的领先实践，其做法值得国内同业参考借鉴。

顺应中国绿色融资发展浪潮

发展绿色金融是实现双碳目标的重要举措。近年来，各类监管政策陆续出台，加速推动国内绿色金融标准体系的建设。例如，2019 年版的《绿色产业指导目录》奠定了绿色产业分类基础，而 2021 年发布的《绿色债券支持项目目录（2021 年版）》则进一步明确，绿色项目可分为节能环保产业、清洁生产产业、清洁能源产业、生态环境产业、基础设施绿色升级、绿色服务等六大领域。这是中国首次统一绿色债券分类标准，在着眼于碳减排的同时也考虑了保护生物多样性等要求，且与国际通行标准接轨，不再将煤炭等化石能源项目纳入支持范围。

此外，为了激励并约束银行业开展绿色金融业务，监管也着手对其进行有效评价。2018 年，人民银行印发了《关于开展银行业存款类金融机构绿色信贷业绩评价的通知》，开始对全国金融机构进行绿色信贷业绩评价。而 2021 年 7 月实施的《银行业金融机构绿色金融评价方案》则将绿色信贷、绿色债券等绿色金融业务正式纳入考核范围，其评价结果将被纳入央行金融机构评级等政策和审慎管理工具。

近年来，随着绿色信贷规模的高速增长，中国已成为全球最大市场之一，但其在国内总贷款的占比依然较低，增长空间巨大。根据人民银行发布的数据，2018—2022年，国内本外币绿色贷款余额已增至22万亿元，年复合增长率达到28%（见图1），存量规模居全球第一。

图1 2018—2021年中国本外币绿色贷款余额统计

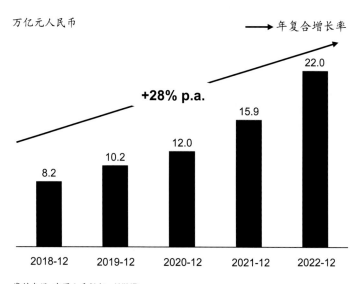

资料来源：中国人民银行；WIND

此外，我国已初步形成绿色贷款、绿色债券、绿色保险、绿色基金、绿色信托、碳金融产品等多层次绿色金融产品和市场体系，并持续推动绿色金融产品多元化创新。例如，2021年，中国人民银行推出两个新的结构性货币政策工具，鼓励社会资金更多地投向绿色低碳领域。一是碳减排支持工具，支持清洁能源、节能环保、碳减排技术发展，撬动更多社会资金促进碳减排。二是促进煤炭清洁高效利用的专项再贷款，支持煤炭大规模清洁生产、清洁燃烧技术运用等。

在绿色金融资金流向方面，2021年，共有约2.9万亿元资金流向绿色产业，具体包括绿色产品（如新能源汽车）、环保基础设施（如城市轨道交通）以及可持续能源（清洁和可再生能源）等领域。其中，绿色产品、环保基础设施及可持续能源占比最大（见图2）。

此外，在推进绿色融资的进程中也面临一些挑战，包括绿色融资收益偏低、中小企业绿色融资难等问题。领先银行可以通过持续推动产品及业务创新、提升自身

图 2 中国绿色投融资资金总量

中国绿色投融资资金总量，**亿元人民币**

领域	类别	2019年	2020年	2021年
可持续能源	清洁和可再生能源(电力)	2959	4691	2564
	生物能(非电力)	455	1560	1786
工业污染治理	工业废水治理	144	151	84
	工业废气治理	731	1107	722
	工业固体废物治理	66	71	38
基础设施建设（环境保护）	城镇排水	504	611	540
	城镇供水	931	821	958
	城市生活垃圾处理	624	697	811
	城市轨道交通	5959	6500	7098
环境修复	工商业场地修复	73	53	61
	耕地土壤修复	536	536	619
	地下水修复	635	557	639
	农业污染防治	0	147	172
	农村污染防治	0	137	146
	海岸带修复	16	16	12
生态保护与修复	生态保护红线修复	387	423	304
	生物多样性保护	9	6	14
	碳汇工程	2901	3165	3221
能源与资源节约	节能	908	46	2017
	二氧化碳减排	1287	391	2732
	节水	1989	3214	1706
绿色产品	绿色建筑	281	281	281
	新能源汽车	1125	1757	2230
总计		**22519**	**26937**	**28754**

注：由于四舍五入，数字加总与实际数字有±1的差距。

资料来源：2021中国绿色金融发展研究报告

绿色融资业务的运营能力以及强化金融科技赋能等方式，共同推动中国绿色融资业务发展，助力更多企业和项目绿色实现转型。

金融机构的五大举措，打造杰出"绿色银行"

在全球银行业大力发展绿色融资的潮流下，打造自身竞争优势、组建绿色融资能力对于领先银行来说至关重要。基于麦肯锡对国际银行在绿色融资领域的最佳实践研究，我们总结了促进绿色融资、增强投资者信任的五大策略，供相关机构参考（见图 3）。

图 3 打造"绿色银行"五大举措

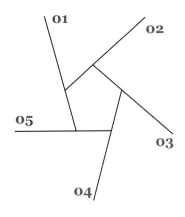

01 **目标定位**：明确"绿色银行"战略定位及目标

02 **产品创新**：实施绿色产品多元化创新

03 **组织团队**：搭建绿色金融组织架构和团队

04 **金融科技**：组建数据系统能力赋能绿色金融发展

05 **对外沟通**：树立行业意见领袖和引领者地位

资料来源：麦肯锡分析

目标定位：明确"绿色银行"的战略定位及目标。围绕绿色脱碳愿景，金融机构可以制定直接减碳和间接减碳两种目标。直接减碳目标可以通过自身节能减排达成。对于金融机构而言，由于其相对轻资产的属性，自身碳排放量相对较少，可以通过节能减排等方式实现净零目标。间接减碳目标则可以通过助力或者敦促企业客户开展绿色减碳，间接地为全社会的节能减排做出贡献。围绕间接减碳目标，金融机构可以从投融资等方面的职能出发，助力企业实现碳中和。

产品创新：实施绿色产品多元化创新。领先银行可以借助自身资源，打造多元化的绿色金融产品货架，满足不同客户需求。从整体来看，银行可以与子公司或集团内其他金融机构协作，共同发展多元化绿色融资工具，包括表内传统信贷以及表外绿色债券绿色产业基金、绿色信托、绿色租赁等产品。此外，随着碳市场的兴起，领先银行也可进行"碳金融"创新，为碳资产交易和管理提供基础服务，例如，某股份制银行为国家碳排放交易试点提供资金结算、清算、存管、理财、咨询以及交易平台系统搭建、规则制定等综合服务。

组织团队：搭建绿色金融组织架构和团队。为更好地保障相关业务举措落地，银行可以从组织团队和绩效管理两方面发力。同时可将绿色融资目标融入相关部门的绩效考核。例如，瑞典某领先银行意识到激励机制和可持续目标保持一致的重要性后，将可持续目标与管理人员薪酬挂钩。目前，该银行可持续目标薪酬激励所覆盖的高级管理人员比例已从 2020 年的 67% 进一步提升至 2021 年的 90%。

金融科技：组建数据系统能力赋能绿色金融发展。金融科技赋能可为绿色金融业务提供强大助力。领先银行可以组建系统平台，利用人工智能、大数据分析等技术，提升绿色金融业务的组织管理和风险管控能力，包括绿色数据统计、监测和报送，用户绿色画像，绿色资金使用情况追踪，绿色风险管理等。

对外沟通：树立行业意见领袖和引领者地位。除了开展绿色金融相关实践外，银行还要积极对外沟通，努力将自身打造为行业意见领袖和引领者。基于我们的分析总结，主要可以采取以下三方面行动。

- 积极加入国际行业组织或签署国际可持续发展相关协议，学习外部最佳实践，与国际接轨。

- 积极与政府部门、监管或者外部机构沟通合作，参与制定绿色金融相关标准。

- 推动地方绿色金融试点，积极与各试验区政府建立金融战略合作关系，支持绿色金融改革创新试验区。

● ● ●

金融业应积极响应号召，主动探索减碳最佳实践，以实现机构自身的减排净零。与此同时，融资等金融工具对于实现碳中和目标有着不可或缺的作用，因此金融机构应积极发挥自身的金融职能，探索"减碳"相关业务，大力发展绿色金融，在碳中和目标的引领下打造新的核心竞争力。Q

*作者感谢*廖绪昌、黄家恩、李宗顺、邱彦程、吴雨桐、朱琳、秦瑞诗*对本文的贡献。*

曲向军 是麦肯锡全球资深董事合伙人，常驻香港分公司；
马奔 是麦肯锡全球董事合伙人，常驻上海分公司；
郑文才 是麦肯锡全球董事合伙人，常驻北京分公司；
章淑蓉 是麦肯锡咨询顾问，常驻上海分公司。

可持续包装：
亚洲新兴经济体的增长新机遇

David Feber，Oskar Lingqvist，王乾源，李晓崧，刘奇昕

> 许多包装企业都将蓬勃发展的亚洲市场视为重要的增长引擎。随着人们可持续发展意识的显著增强，企业需要了解消费者的态度，及时抓住增长机会。

中国已经取代美国成为全球最大的包装市场，而亚洲也是包装业最主要的增长市场。随着亚洲地区包装使用量的激增，废弃包装所导致的生态负担也在同步加剧，主要原因在于当地缺乏相应规模的废弃物收运和回收系统，无法满足海量废弃包装的处理需求。这将如何影响消费者对于可持续包装材料的态度？为进一步了解这一问题，我们对中国、印度、印度尼西亚（简称印尼）等10个亚洲国家的消费者进行了调研。本次调研结果参考了我们此前对全球消费者信心的调研，以及早先对美国市场相关情况的深入研究。调查结果揭示了各国的主要趋势和各自特点，其中有三个方面尤其值得关注：

第一，中国、印度和印尼的消费者对可持续发展的重视程度高于其他受访国家，对于绿色包装的购买意愿也最高。

第二，上述三国消费者最关心的问题集中于水污染和空气污染，而其他受访国消费者则更关注废弃物问题。与我们的全球性调研结果相同，三国消费者也认为食品是最应采用可持续包装的品类。不过，各国在食品的细分品类上看法有所差异。三个国家的三代受访消费者都很关心包装对环境的影响。整体而言，X 世代在多个可持续发展问题上的环保意识最高，其次是 Z 世代、千禧一代和婴儿潮一代[1]，细节方面也存在一些差异。

第三，受访消费者在"最不可持续的包装材料"上观点一致，但对"最可持续

---

1 婴儿潮一代指55~74岁；X世代指35~54岁；千禧一代和Z世代指18~34岁。

的材料"却看法不一，这也与全球性调查的结果一致。消费者希望在未来看到更多的可回收或可堆肥塑料薄膜包装，以及更多的纤维基包装。

亚洲新兴经济体是众多包装企业瞄准的关键增长市场。随着社会可持续发展意识的显著增强，企业在任何增长战略中都须认真思考"绿色叙事"及相关战略选项。为了抓住发展机遇，我们建议企业在战略规划中考虑上述三大因素。

亚洲新兴经济体是许多包装企业瞄准的关键增长市场。

亚洲市场：可持续发展意识显著增强

这 10 年来，全球包装业稳步增长，亚洲新兴市场的繁荣成为一大增长动力源。这期间，主要变化包括零售渠道的强劲增长，以及使用更多包装以满足消费者对便利性的需求。此外，由于缺乏完善的大规模包装收运和回收系统，无法应对不断增多的废弃物，包装使用量的猛增也加剧了环境负担。

相关方并未对此坐视不理，快消品制造商、零售商、政府部门纷纷采取行动。尽管如此，受访消费者依然对此颇为担忧。我们的调查发现，在中国、印度和印尼，

受访消费者的担忧程度为全球最高，甚至高于新冠疫情暴发前（见图1）。

图1 亚洲新兴市场的消费者最关注环保问题，也最愿意为绿色包装买单

为可持续包装买单的意愿，%

你愿意为（包装食品的）可持续包装多支付多少费用？

回答"一点"或"很多"的比例

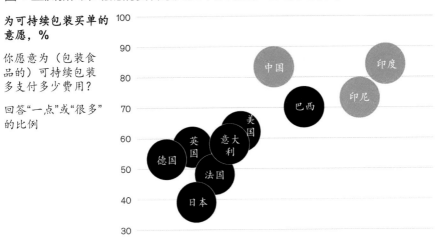

对包装可持续性的关注，%

与新冠疫情暴发前相比，你目前如何看待包装可持续性的重要性？更加关注的比例

资料来源：麦肯锡包装调查（2020）

在消费者支付意愿上，我们也得到了类似结论：在中国、印度和印尼，消费者购买绿色包装食品的意愿远远高于全球其他受访国家消费者。与此类似的是，巴西消费者也比其他受访国家的消费者更愿意为绿色包装买单。这至少表明这些市场的消费者环保意识相对较高，相关方需要有所行动。

由此，上述结论又引出另外两个问题：亚洲新兴经济体的消费者都存在哪些担忧？哪些年龄群体在担忧？针对第一个问题，三国消费者的观点高度一致：水污染和空气污染是其担忧的主要方面。在其他受访国家中，日本和欧洲国家普遍更关注海洋垃圾；美国和英国的消费者最关注废弃物，而这些是印度和印尼的消费者最不关心的问题之一。

此外，在终端产品的包装上，不同国家的消费者在细节上有所差异，一致的是，大家最关注食品包装的可持续性。对于食品的种类，中国消费者主要关注新鲜果蔬、鲜肉和乳制品。印度消费者最关注快餐，其次是乳制品和宠物食品。印尼消费者则最关注饮品，其次是乳制品和新鲜果蔬。

当深入研究第二个问题，探究哪些年龄群体在担忧时，我们发现所有年龄段的

受访群体都表示关注。总体来看，X 世代的关注程度最高，其次是 Z 世代、婴儿潮一代（见图 2）。具体到空气和水污染这两个主要领域，印尼的 X 世代对此尤其关注，而中国和印度的情况差异较大。

图 2 总体来看，亚洲新兴市场的 X 世代对包装的环境影响最为关注，但也存在一些具体的差异

选择"极其关注"和"非常关注"的比例，%

■ Z世代 ▨ X世代 ▨ 婴儿潮一代

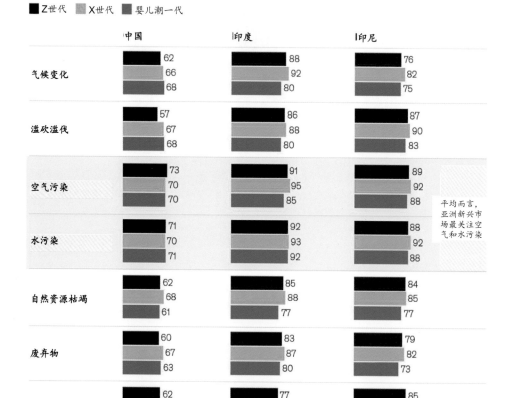

	中国	印度	印尼
气候变化	62 / 66 / 68	88 / 92 / 80	76 / 82 / 75
滥砍滥伐	57 / 67 / 68	86 / 88 / 80	87 / 90 / 83
空气污染	73 / 70 / 70	91 / 95 / 85	89 / 92 / 88
水污染	71 / 70 / 71	92 / 93 / 92	88 / 92 / 88
自然资源枯竭	62 / 68 / 61	85 / 88 / 77	84 / 85 / 77
废弃物	60 / 67 / 63	83 / 87 / 80	79 / 82 / 73
海洋垃圾	62 / 64 / 63	77 / 84 / 77	85 / 83 / 78

平均而言，亚洲新兴市场最关注空气和水污染

注：麦肯锡包装调查（2020）询问受访者，他们是否关注产品包装及其对特定环境问题的影响
资料来源：麦肯锡包装调查（2020）

我们的调查显示，世界各地消费者对于最可持续的包装材料看法并不一致；但在最不可持续的材料方面则有着更大的共识。在受访国家中，中国和印尼的消费者认为可以堆肥或者可回收的塑料更可持续（巴西消费者也持有类似观点），而印度消费者则认为纸质和玻璃包装更可持续。总体来看，消费者普遍希望使用更多的可回收或可堆肥塑料薄膜以及更多的纸质包装（见图3），而可回收的硬质塑料排名很低，玻璃和金属也是如此。

图 3 亚洲新兴市场的消费者希望使用可回收或可堆肥的塑料包装以及更多纸质包装

各个品类有意选择替代性包装材料的消费者比例[1]，%

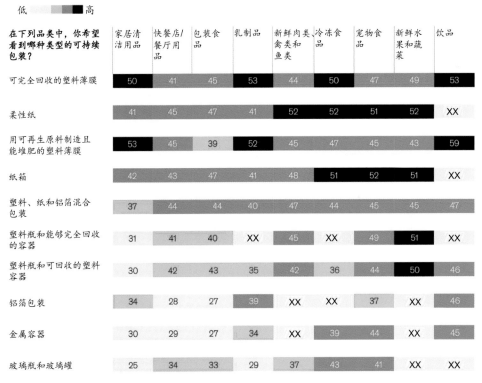

低 ▮▮▮ 高

在下列品类中，你希望看到哪种类型的可持续包装？	家居清洁用品	快餐店/餐厅用品	包装食品	乳制品	新鲜肉类、禽类和鱼类	冷冻食品	宠物食品	新鲜水果和蔬菜	饮品
可完全回收的塑料薄膜	50	41	45	53	44	50	47	49	53
柔性纸	41	45	47	41	52	52	51	52	XX
用可再生原料制造且能堆肥的塑料薄膜	53	45	39	52	45	47	45	43	59
纸箱	42	43	47	41	48	51	52	51	XX
塑料、纸和铝箔混合包装	37	44	44	40	47	44	45	45	47
塑料瓶和能够完全回收的容器	31	41	40	XX	45	XX	49	51	XX
塑料瓶和可回收的塑料容器	30	42	43	35	42	36	44	50	46
铝箔包装	34	28	27	39	XX	XX	37	XX	46
金属容器	30	29	27	34	XX	39	44	XX	45
玻璃瓶和玻璃罐	25	34	33	29	37	43	41	XX	XX

[1]三个亚洲新兴国家的平均值：中国、印度、印尼
资料来源：麦肯锡包装调查（2020）

战略规划：三大可持续性因素

许多包装企业将亚洲新兴市场视为重要的增长来源，因而需要做出有针对性的战略选择。例如，确定目标市场（服务高端市场还是大众市场）；明确客户范围（着眼国际市场还是本地市场）；部署一流战略（追求单位成本优势还是创新优势）；明

确增长模式（通过内生性增长还是外延式并购）。而随着这一地区消费者的可持续发展意识大幅提升，仅仅做到这些还远远不够。我们建议在制定战略时将以下三个因素纳入考量：

第一，了解当地消费者的产品使用情况以及废弃包装的处理方式，在战略上因地制宜。我们的调研发现，亚洲国家在可持续性方面存在一些区域共性，特别是人们具备较高的环保意识和支付意愿。受访消费者也开始希望能在未来使用更多可回收或可堆肥的塑料薄膜以及纸质包装。

细致分析后，我们不难发现，不同国家、不同终端的用户群体之间存在诸多差异，这就要求企业对本文重点关注的市场有进一步的理解。因此，具体使用哪种包装最为合适，应该借助哪些可持续抓手，可能并没有面向整个区域的统一解决方案。总的来说，我们建议在制定战略时以各国间的共性为基础，再辅以有针对性的细致研究，包括深入了解"从原料到废弃"的包装生命周期，从而全面规划填充、使用和处置等各个环节。具备了这些洞见，企业在评估特定价值链的包装战略选项和具体的改进抓手时将会更容易。

第二，采用循序渐进的方式，尽早采取行动。即使消费者为绿色包装买单的意愿很高，也不能保证一定就转化为实实在在的消费行为。并且，很多时候消费者并不清楚应该期待什么，或者自己究竟想要什么。鉴于形势紧迫，我们建议在初期采取一些门槛较低的措施，前提是能够保证运营成本或资本支出较低，对包装的功能或美观影响较小。例如，追求简约，舍弃不必要的包装，通过简单的设计调整来提高可回收性，并在可能的情况下更多地考虑使用单一材料。在这类措施取得成功的基础上，再考虑那些需要整个价值链深入协作的系统性调整措施。

第三，清晰传达产品和包装的可持续性特质。我们的调查表明，如果消费者了解商品的可持续特质，购买意愿会更强，关键在于要传递出当地消费者重点关注的可持续特质。此外，在地区和全球可持续性监管趋严的背景下，在包装上标明产品的回收方式也至关重要。

将可持续性问题作为关键战略因素加以考量，可以助力包装企业将其打造为差异化优势，从而吸引消费者并推动企业增长。

···

环保是亚洲新兴市场的消费者最关注的问题之一。将可持续性问题视为关键战略因素加以考量，可以助力包装企业将其打造为差异化优势，从而吸引消费者并推动企业增长。Q

作者在此感谢 **_Daniel Nordigården_**、**_Anna Granskog_**、**_Daniel Eriksson_**、**_Maimouna Diakhaby_**、**_Anne Grimmelt_**、**_Matt Rogers_**、**_Theo Jan Simons_** 和 _Jeremy Wallach_ 对本文的贡献。

David Feber 是麦肯锡全球资深董事合伙人，常驻底特律分公司；
Oskar Lingqvist 是麦肯锡全球资深董事合伙人，常驻斯德哥尔摩分公司；
王乾源 是麦肯锡全球董事合伙人，常驻深圳分公司；
李晓崧 是麦肯锡高级知识专家，常驻上海分公司；
刘奇昕 是麦肯锡项目经理，常驻上海分公司。

双管齐下：加快运输业脱碳进程[1]

世界经济论坛与麦肯锡合作撰写

> 基于两大相辅相成的体系，货主与承运商可以落地一系列辅助措施，加强协作，共同推进中国运输行业实现双碳目标。

2015 年，190 多个缔约方签署了《巴黎协定》（The Paris Agreement），共同承诺要将全球平均升温幅度控制在 2℃ 之内（与工业化之前水平相比），并为实现 1.5℃ 之内的升温目标而努力。自那之后，各行各业均开启了低碳转型进程，但运输业的减排力度还远远不够[2]。

以 2020 年为例，运输业的二氧化碳排放量高达 72 亿吨，约占全球排放总量的 21%[3]。此外，疫情防控措施的逐步取消带来了出行体量的急速增长。然而，中国交通运输业的减排意识及减排措施仍处于早期阶段。为推动交通领域碳排放尽早达峰和深度减排，行业需要采取更为积极的减排措施。

中国运输业的脱碳离不开货主（货物所有者）及航空公司与航运公司等承运商（运输服务提供商）的努力。然而，当前中国货主和承运商在绿色意识和行动方面并未达成一致。本文提出了一个由需求驱动的脱碳思路。基于两大相辅相成的体系，货主与承运商可以落地一系列辅助措施，加强协作，共同推进中国运输行业实现"双碳"目标。

---

1 本文由世界经济论坛行业专家Margi van Gogh、Angie Farrag-Thibault和麦肯锡旅游、物流与运输基础设施咨询业务领导Ludwig Hausmann、Christoph Wolff、廖绪昌、Detlev Mohr与Benjamin Weber合作撰写。

2 麦肯锡能源研究团队预计，运输业需减排73%，才能达到2050年1.5℃的温控目标。

3 《运输业追踪2021》（*Tracking Transport 2021*），国际能源署（IEA）；Statista，2020年全球二氧化碳排放。

需求侧驱动何以加快零碳转型

在众多行业，供应链排放（范围 3）均在总排放量中占据相当大的比重，运输业也不例外，供应链减排可为行业脱碳提供巨大的机遇（见图 1）[4]。

图 1 企业纷纷采取行动减少供应链排放量

各行业范围3（间接排放，主要为供应链相关排放）排放占比[1]
2021年范围3排放占总排放量的百分比

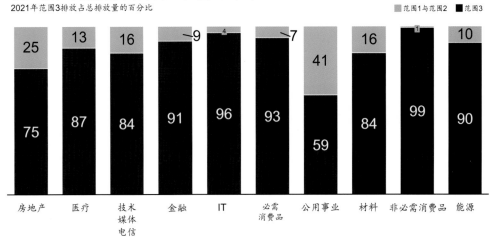

科学设定范围三碳排放目标的企业逐年递增[2]

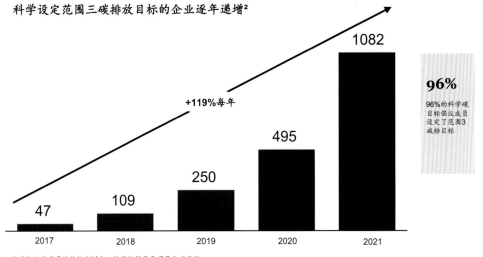

1. 全球行业分类系统的行业划分、排放数据基于明晟全球指数
2. 包括设定量化的范围3、范围2与范围1减排目标的企业

资料来源：明晟、科学碳目标倡议、部分企业自行公布的数据

当前，已有部分货主开始采取举措减少碳足迹。多家大型货主在访谈中向我们表示，愿意为绿色物流服务支付 5%~10% 的溢价。他们意识到，承运商在建设低

---

4 这类排放统称范围3碳排放（即间接排放，包括组织所处价值链的排放）。

碳基础设施时，须在前期投入大量资本，因此愿意支付绿色溢价或签订长期绿色物流协议，以打消承运商的顾虑。当然，他们也希望承运商提供的低碳服务货真价实，且绿色溢价能逐步降低。

在当前绿色运输服务供求都不成规模的情况下，从需求侧入手，不仅能够集中货主需求，鼓励承运商进行前期投资，还能推动绿色供应链与运输服务的规模化拓展，这些都能激励承运商参与建设可持续供应链。

除此之外，在谈及行业脱碳挑战时，受访的供应链与运输企业都表示行业亟须开发一系列机制，以鼓励大规模绿色投资。这类机制得到业界的广泛支持，可保证运输服务提供商之间的良性竞争，促进全行业协作，并通过释放明确的需求信号刺激绿色投资。为此，我们认为行业碳排放证书交易标准框架与绿色供应链联盟这两大体系可相辅相成，满足上述机制需求，才能形成推动供应链脱碳的良性循环（见图2）。

图2 两大体系相辅相成，从需求侧发力，加快脱碳进程

体系一 碳排放证书交易标准框架

该框架可将实体的绿色服务与虚拟的碳信用脱钩。在数字化追踪手段的支持下，绿色运输服务的买方支付绿色溢价，换取碳信用，让承运方可抵扣范围1或直接排放，或者货代企业、货主与终端消费者可抵扣特定运输批次的范围3或间接供应链排放。这些碳信用应有可靠、真实的行业减排来源支撑。绿色溢价会向价值链上游流动，再以资本支出的形式拓展绿色运输服务渠道，并逐步降低服务成本，同时为价值链内部的碳"嵌入"减排项目提供资金支持（见图3）。

图3 证书交易框架可突破"绿色走廊"的局限，降低成本、拓宽渠道

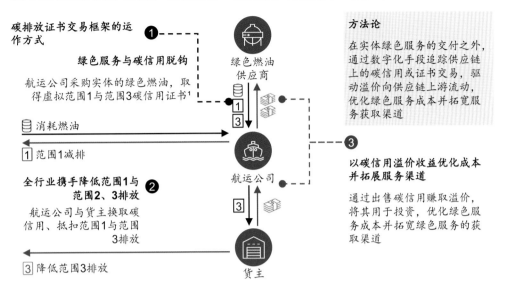

碳排放证书交易框架的运作方式 ①

绿色服务与碳信用脱钩

航运公司采购实体的绿色燃油，取得虚拟范围1与范围3碳信用证书[1]

消耗燃油

1 范围1减排

全行业携手降低范围1与范围2、3排放 ②

航运公司与货主换取碳信用、抵扣范围1与范围3排放

3 降低范围3排放

绿色燃油供应商

航运公司

货主

方法论

在实体绿色服务的交付之外，通过数字化手段追踪供应链上的碳信用或证书交易，驱动溢价向供应链上游流动，优化绿色服务成本并拓宽服务获取渠道

③

以碳信用溢价收益优化成本并拓展服务渠道

通过出售碳信用赚取溢价，将其用于投资，优化绿色服务成本并拓宽绿色服务的获取渠道

1.虚拟范围指信用并未与实体的绿色服务（比如可持续燃油）挂钩。例如，考虑到全球绿色基础设施存在一定区域局限性，某集运公司以一定溢价购买了X吨可持续燃油，但并未规定将其用于哪条航线，如此一来便无需追踪可持续燃油的去向

资料来源：《世界经济论坛可持续航空燃料证书框架》（*World Economic Forum Sustainable Aviation Fuel Certificate framework*）

　　虽然行业正在起草一些标准，比如可持续航空燃料证书（SAFc）框架与相关的证书交易制度指导方针等，但目前尚不具备多模式的排放权证书交易标准[5]。因此亟须创建一个适用全行业的强制性碳信用机制，得到市场的一致认可，并有可靠的行业减排源头支撑。

　　在这一机制下，全行业的参与者均采用同一标准，不同可持续项目的可信度与可比性也随之提高，参与者还能以更低的成本验证自身减排举措的合理性。世界经济论坛与智能货运中心（Smart Freight Centre）联合开发运输业多模式框架与会计准则，正是对这一行业呼声的直接回应[6]。

5《为航空公司提供可持续燃料替代方案的新证书》（"New certificates offer flyers a sustainable fuel option to cut CO_2"），世界经济论坛，2021年6月30日；《推动航空运输业脱碳：可持续航空燃料温室气体排放核算与嵌入全新指导方针于今日公布》（"Decarbonizing the air transportation sector：New guidelines for sustainable aviation fuel greenhouse gas emission accounting and insetting launched today"），智能货运中心，2021年7月20日。
6《智能货运中心、世界经济论坛及领先企业共同为运输供应链减排行动开发证书交易监管链系统》（"Smart Freight Centre partners with World Economic Forum and leading companies to develop a book and claim chain of custody system for transportation supply chain emission reduction actions"），智能货运中心，2021年12月9日。

体系二　绿色供应链需求联盟

　　绿色供应链需求联盟可汇总需求，规模化拓展绿色供应链服务购买承诺。此类联盟可向价值链上游传递清晰且坚定的需求信号，为研发以及承运商的资本支出决策提供参考，还可向政府与投资者等其他利益相关方释放货运业持续提升可持续发展的信号（见图4）。在该联盟下，采购决策权仍掌握在个体货主的手中，既可延续承运商之间的良性竞争，又可促进承购等大规模采购协议的签署。联盟还可建立可持续发展评级体系，便于评估、筛选承运商，推动联盟中竞争者之间的合作。

图 4 绿色供应链需求联盟的运作机制，以运输业为例

最终采购决策权必须由货主掌握，从而维护竞争环境

以海运为例

绿色供应链需求联盟的运作机制

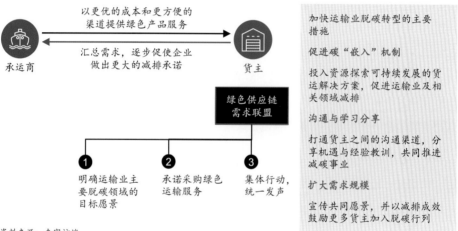

资料来源：专家访谈

　　联盟聚焦于供应链，覆盖多种运输模式，可在很大程度上降低复杂程度，帮助货主为脱碳做出贡献。同样，联盟还可提升不同减排项目的透明度，凸显发展机遇，引导资金在各项目之间实现更加高效的分配。

　　在上述两大行动体系落地推动行业绿色变革的同时，货主、承运商，甚至整条供应链上更广泛的利益相关方，都有多种可采取的行动支持脱碳目标的实现。下文将聚焦货主、货代及承运商进行探讨。

货主与货代可采取的四项行动

货主通过支付溢价,在为供应链脱碳提供资金支持方面扮演着举足轻重的角色。货主可以考虑采取以下四种行动:

- **签订长期合同,减少服务供应方所面临的不确定性,并调整采购预算,支撑更高的支出成本。** 货主也可以加入买家联盟,让购买绿色服务的承诺更具规模,尽管从维护竞争环境、满足常规反垄断合规要求出发,最终的采购决策权仍然掌握在货主手中。

- **主动要求物流合作伙伴提供绿色服务助推脱碳。** 比如,要求供应商(含物流合作伙伴)设定减排目标,并承诺交付碳中和的产品与服务。

- **推动终端消费者加入脱碳事业,尤其是在不同消费选择对环境造成的影响方面和终端消费者加强沟通,主动塑造消费者行为。** 比如,公司可将可持续发展理念注入品牌,引导消费者选择更加环保的货运服务。点滴努力,也可汇聚成河。一项研究表明,在餐厅菜单上标注可持续发展相关的信息,便可将食客选择素食的概率提高 35%~100%[7]。

- **坚持积极参与。** 货主与货代企业可加入买家联盟,形成支持货运行业脱碳进程的群体效应,同时参与排放权证书交易体系试点项目,与更多相关方一道推进运输业的脱碳进程。

承运商可采取的三项行动

承运商可能需要立刻着手规划并投资开发可持续绿色服务,以避免损失未来的市场份额。承运商可考虑将以下三项措施纳入业务实践:

- **提供可持续运输解决方案。** 这一措施的可行性越来越高,许多环保观念超前的货主都已表示愿意为绿色产品与服务支付溢价,终端消费者也更愿意为绿色服务买单。

---

7 《改变菜单信息可有效增加气候友好型食品的销量》("Changes to menu messaging can increase sales of climate-friendly food"),世界资源研究所(World Resources Institute),2022年2月1日。

- **通过技术手段提升排放数据透明度，可为货主编写可持续发展报告提供数据，还可便于对比不同供应商的绿色服务。** 海运行业就发起了清洁货物倡议（Clean Cargo Initiative），让企业能根据一个标准化报告机制来对标自身减排表现。

- **与各方精诚协作。** 可持续发展的内涵丰富多样，存在协作的空间和机会。比如，承运商可支持客户加入买家联盟，并参与排放证书交易体系的试点项目等。

• • •

综上所述，在主要预期能够得到满足的前提下，货主对可持续运输服务将持积极态度。然而，绿色运输服务规模的进一步扩大面临诸多挑战，如缺乏清晰的需求信号与行业标准等。此外，对中国的承运商而言，运价快速下行已然超出预期，相较于传统服务有些过高的绿色溢价的确容易让他们望而却步。

面对各行各业的减碳挑战，世界经济论坛（World Economic Forum）供应链与运输业行动小组（Supply Chain and Transportation Industry Action Group）和麦肯锡共同构想出了上文两个相辅相成的体系：行业碳排放证书交易标准框架和绿色供应链需求联盟。前者主要负责将实体产品与虚拟信用积分脱钩，刺激绿色服务需求，后者则能激励各方合力降低绿色服务成本，并拓宽获得绿色服务的渠道。我们相信，两者的有机结合能够有效帮助中国运输业建立良性绿色循环，在利益相关方的通力合作下，中国运输业实现脱碳目标将指日可待。Q

本文是对世界经济论坛于2021年7月发表的《需求驱动型方法如何帮助货运行业加速实现零排放》（"How a demand-driven approach could accelerate zero-emission freight transportation"）一文的扩展。

作者团队谨在此感谢**林耕宇**、**武君玲**、**律美合**、**王璟莹**对本文做出的贡献。

Detlev Mohr 是麦肯锡全球资深董事合伙人，常驻斯图加特分公司；
Ludwig Hausmann 是麦肯锡全球董事合伙人，常驻慕尼黑分公司；
Benjamin Weber 是麦肯锡全球副董事合伙人，常驻斯图加特分公司；
廖绪昌 是麦肯锡全球副董事合伙人，常驻香港分公司；
Christoph Wolff 是麦肯锡资深顾问，常驻法兰克福分公司，并担任智能货运中心CEO；
Angie Farrag-Thibault 是世界经济论坛可持续货运板块的行业脱碳经理；
Margi Van Gogh 是世界经济论坛供应链与运输行业板块负责人。

紧跟绿色风向标，
探索发展新路径

改变前夜：欧盟碳边境调节机制对中国部分出口行业的影响

Tomas Nauclér, Homayoun Hatami, 汪小帆

本文基于CBAM法案文本，对中国相关行业受到的潜在影响开展一些前瞻性及量化分析。

2021 年 7 月欧盟推出碳边境调节机制（Carbon Border Adjustment Mechanism，简称 CBAM，俗称碳关税）草案，工业界的目光就一直聚焦在这一全球首例以碳排放为标准的贸易关税政策上。2023 年 4 月,欧盟理事会投票通过了 CBAM 法案文本。本文基于这份法案文本,对中国相关行业受到的潜在影响开展一些前瞻性及量化分析。

CBAM 是什么

2019 年，欧盟委员会发布《欧洲绿色新政》，公布了雄心勃勃的 2050 气候中和目标。在减排压力骤增的背景下，欧洲企业的减碳成本以及碳泄露风险都变得更高，《欧洲绿色新政》也为全球首个以碳排放为基准的贸易关税政策碳边境调节机制的出台拉开了序幕。

CBAM 通过对特定进口产品以高于欧盟同类产品的碳排放水平征收关税，确保进口产品与国内产品的碳定价平等。如此，一方面降低碳泄露风险，提升排放成本较低市场的出口企业的减排动力，另一方面维护贸易公平，避免欧洲高碳价造成本地企业竞争力损失。此外，对欧盟自身而言，这一机制将逐步取代欧盟现有的免费配额制度，增加政府收入，强化碳价信号对工业界脱碳的指导作用；对出口国家而言，CBAM 也将激励其他国家和地方政府完善本国的碳定价制度，减少低碳价或无碳价导致的"公地的悲剧"。

下文将具体分析 CBAM 的适用范围与征税机制，在此基础上探讨其对我国各行业的潜在影响和相关行业的应对方法，以及目前阶段还有哪些尚未明晰的重要细节。

CBAM 如何影响相关行业

CBAM 的两个执行阶段对相关行业的影响逐步加大

在接下来的 12 年，CBAM 将分两步实施，最终针对多个高碳排行业形成欧洲市场排放成本的市场化定价机制。

第一阶段：过渡期 2023—2025 年

2023 年 10 月，CBAM 条例将正式启动。过渡期间主要针对 6 大高碳排行业——钢铁、铝、水泥、化肥、电力和氢能。进口商须按季度向欧盟委员会提交 CBAM 报告，但暂不要求缴纳关税。报告内容覆盖六大行业的生产直接排放，以及水泥与化肥生产过程中使用的电力产生的间接排放。过渡期结束前，CBAM 的覆盖范围可能将扩大到其他基础原料领域，如铁合金、石灰、纸浆和成品纸等。

第二阶段：全面执行期 2026—2034 年

全面执行期间 CBAM 将开始征收关税，征收幅度逐年扩大，并在 2034 年达到 100% 征收（见图 1）。

图 1 对于最初的涵盖行业，CBAM 下的财务义务将从 2026—2034 年逐步实施

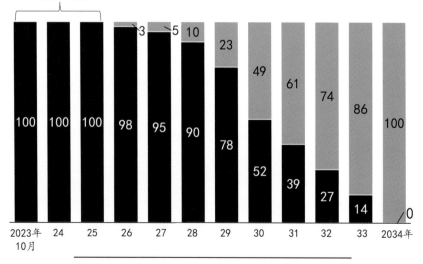

2022 年 12 月协议

逐步缩减碳边境调节机制（CBAM）第一阶段所包含的免费碳配额 %

- ■ % CBAM所覆盖的进口企业碳排量比例
- ■ % 针对欧盟企业的免费碳配额比例 （即行业排放标杆的X%）

从2026年起，CBAM将逐步实施，与欧盟排放交易体系中的自由分配速度相同，以确保进口商和欧盟设施之间的平等。

资料来源：欧盟委员会（2022 年）

CBAM 的征税机制与成本估算逻辑

CBAM 的征收机制并非简单的"碳排放 × 欧盟碳价",而是一个让进口产品与欧盟内生产的同类产品承担相同碳排成本的复杂机制。此次税收机制的根本逻辑乃是让进口产品生产过程中的隐含碳成本向欧盟内部同等产品生产过程中的隐含碳成本看齐,因此,欧盟监管机构将根据两者的碳排强度差异与碳价差异向进口商征税。

如图 2 公式所示,欧盟进口商需购买的 CBAM 证书数量和证书价格是 CBAM 总成本的主要组成要素。而这两者背后,证书数量主要受进口商品的碳排强度影响;此外,随着免费碳配额的退坡,进口欧盟的企业需购买的证书数量也将逐步增加。

图 2 CBAM 成本计算逻辑

资料来源:麦肯锡分析;欧盟委员会(2022)

进口行业需支付的证书单位价格可能因两种情形而异。企业未在出口国(以碳市场或碳税形式)支付碳排成本的情形下,证书单位价格由欧洲碳市场的周拍卖均价决定;企业在出口国已经负担了碳排成本的情形下,证书价格则减少为欧洲碳价相对出口国碳价的超额部分。

以中国钢铁行业为例,在目前形势下,部分钢铁企业已被纳入中国试点碳市场,那么在国内支付的试点碳市场碳价可用于部分抵消 CBAM 证书价格。未来,随着国内碳交易体系不断完善,高碳排行业将陆续纳入全国强制碳市场,出口欧洲的相关产品的证书价格将取决于欧洲碳价与中国碳价的差额。

中国企业会受到哪些影响，如何应对

对中国企业的影响

借用 Sandbag、E3G 与能源基金在 2021 年发表的一篇报告的标题[1]，CBAM对我国的影响可以说是"茶杯里的风暴"，但是这一风暴是否会像被打开的潘多拉魔盒那样扩大到难以控制的程度，目前尚不清楚。

根据我们的估算，假设中国进口欧盟的总额保持 2022 年的规模不变，预计到2026 年，仅直接排放将为欧洲的进口贸易商带来 5 亿欧元的潜在 CBAM 成本，占总出口额的 2.5%；到 2035 年，直接排放总成本预计将上升 3 倍，约 14.3 亿欧元。假设间接排放的适用范围不变，则到 2035 年，CBAM 对欧洲进口贸易商的额外成本仅略微增长到约 14.6 亿欧元（见图 3）。

图 3 2026 年和 2035 年，不同类型进口欧洲的中国产品的预估 CBAM 成本（亿欧元）

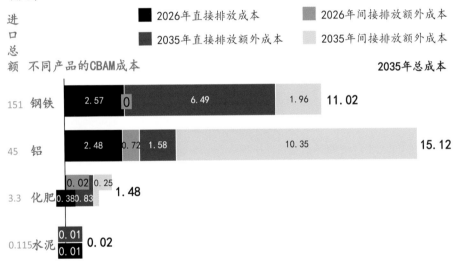

注：进口总额数据为2022年中国出口欧洲不同类别产品的金额；
假设未来来自中国的产品进口总额维持2022年水平不变，产品生产工艺碳排放强度维持不变；
如果未来考虑间接排放，CBAM成本影响固行业各异。对铝行业影响预计较大，但对其他行业影响较小。

参考数据来源：E3G，Sandbag，能源基金会；欧盟海关进出口数据，经吴必轩整理

但 CBAM 对我国相关行业的影响并不能以"削弱了产品的出口竞争力"一言蔽之，而应当辩证地看待：

---

1 Sandbag，E3和能源基金会 (2021) 碳边境调整机制影响及地缘政治风险分析，https://www.e3g.org/publications/a-storm-in-a-teacup/

虽然进口关税提升了进口成本的绝对值，但 CBAM 覆盖行业的相对竞争力不一定下降：根据上文解释的 CBAM 计算逻辑，CBAM 的压力很大一部分取决于欧洲免费碳配额的缩减速度——在全面执行期（2026 年起）的早期，与同类欧洲本土企业相比，对于单位产品碳排放低于欧洲免费配额基准的部分，中国企业仍将具有碳成本优势。此外，与出口欧盟的他国同类企业相比，如果中国出口企业由 CBAM 带来的成本上升幅度更低，反倒会提高中国产品的相对竞争力。

国内出口行业对低排放技术与设备的研发普及步伐有望加速：中国的碳中和进程的步伐虽然日益加快，但高碳排企业的低碳转型仍然相对被动，且受经济发展阶段、综合减碳成本等因素制约，短时间内国内碳价无法与欧盟碳价看齐，使得国内碳市场给高碳排企业低碳转型带来的动力有限。因此，CBAM 的成本将激励中国高碳排行业加快低碳转型，促使企业提升低碳竞争力并打造出口欧洲的差异化优势。

国内深加工产品制造企业的相对竞争力可能提升：CBAM 造成的成本上升有可能导致欧盟进口企业压低采购价格以保持利润率。由于目前 CBAM 并不覆盖复杂的加工产品，这一政策设计将为在欧洲碳市场覆盖区域之外、以基础材料为原材料的深加工行业（如建材、汽车、合成燃料）带来额外的价格优势，这样的利好很有可能刺激国内供应初级产品的企业进行纵向产业链整合。

国内企业的额外义务

在 CBAM 过渡期开始之后，中国企业需要配合欧洲贸易伙伴完成多项要求，帮助后者达成 CBAM 要求的披露与证书购买要求：

- 在 CBAM 系统中完成注册，提供企业信息与具体加工工艺信息；
- 协助贸易伙伴确定直接与间接排放数据的计算方式；
- 披露生产过程造成的直接排放数据与耗电数据，并完成核查。

绿电的计算方式

CBAM 在计算外购电力产生的间接排放时，允许使用绿电采购合同来降低间接排放水平。根据 CBAM 法案附录三的第四、第五条，间接排放的计算默认使用电网的平均排放因子作为缺省值，但允许进口商通过直连绿电设施或者足额的绿电采购协议，将缺省值替代为实际发电设施的排放因子。这意味着化肥生产企业可以通过绿电采购协议降低其产品的碳排强度。

国内各行业的龙头企业如何应对

企业短期应重点关注排放数据，中长期关注碳排强度：

虽然现阶段 CBAM 对我国相关行业的影响并不明显，但我们观察到，为了应对可能的相关冲击，国内化工业的少数龙头企业开始提前重新规划产业布局和部署生产工艺改进计划。

我们建议相关企业适时作出策略性调整，包括：**短期内完善碳排放测算与追踪能力，更有效地采集排放数据。**

我国相当一部分企业目前尚不具备完备的碳排放测管理体系，尤其在测算方面。而 CBAM 对直接排放数据的默认计算方法是使用实际排放值，如果不能提供实际值，企业须使用 CBAM 所规定的带有惩罚性的缺省数据。因此，企业短期内需要提高碳盘查等基础能力，摸清家底，建立适用于自身的碳排因子和测算体系，在适当的时机可以引入数字化监测系统，高效追踪生产碳排。这些新的需求将会带来专业服务及创新技术的相应需求，创造新的商业机会。

中期应平衡碳市场成本与技术投资成本，降低碳排强度。

根据 CBAM 的关税计算逻辑，降低自身碳排强度是企业所能控制的提升出口竞争力的最直接的方法。因此，在碳排测算能力的基础上，企业需要根据自身发展阶段设计低碳转型的中长期战略，逐步降低碳排强度。从碳排源头角度看，可通过使用清洁能源、购买绿电等方式降低碳排；从运营角度看，工艺减排、能效提升是主要的抓手。

长期应考虑利用我国独特的制造业能力与资源禀赋，创造性地探索适合自身的减碳手段。

在制定长期减碳战略时，应充分考虑地域及行业差异性，创造性开发适用于该地域的减碳方案，而不是照搬先进案例。以钢铁行业为例，欧洲钢铁企业多使用电弧炉降低生产碳排，但由于设备成本、原料供应、限电限产等因素，这一方式并不完全适用于国内企业。然而，中国独特的氢能发展优势，与电弧炉转型相比，氢能炼钢也许是国内钢铁企业更好的选择。

此外，对于国内低碳技术研发、新能源开发利用、碳资产管理以及 ESG 服务提供商等可持续发展领域的主力军，CBAM 长期可能会带来新的业务机会。绿色解决方案提供者应充分关注 CBAM 的动向，积累适用于高碳排出口企业低碳技术、低碳转型规划相关的专业服务能力与技术。

法案出台之后还需要关注什么

由于 CBAM 与欧盟碳市场的紧密联系与自身机制的复杂性，一些关键的技术细节将在后续出台的执行细则中加以披露，同时欧洲议会将在 CBAM 进入正式执行期前对其进行调整。

我们建议企业及时跟踪：

- 正式执行期开始后，钢铁，铝与氢的间接排放是否会纳入 CBAM；

- 各类产品生产过程中实际碳排的测量与认证流程是怎样的；

- 如何使用绿电采购降低产品间接排放水平；

- 在实际排放数据缺失的情况下，直接排放缺省值将如何计算；

- 未来其他产品被纳入监管的可能性与速度；

- 欧盟立法机构如何将 CBAM 改造为符合 WTO 准则的贸易政策。**Q**

作者感谢**李威邑**、**吴雨桐**、*Ladislav Tvaruzek* 与 *Aaron Tam*对本文做出的贡献，同时感谢海**华永泰**（北京）律师事务所高级合伙人吴必轩律师整理的进出口数据与宝贵意见。

Tomas Nauclér 是麦肯锡全球资深董事合伙人，常驻斯德哥尔摩分公司；
Homayoun Hatami 是麦肯锡全球资深董事合伙人，常驻巴黎分公司；
汪小帆 是麦肯锡全球董事合伙人，常驻上海分公司。

多方发力，果断行动，
推动中国企业设置适用的碳目标

张海濛，吕文博，刘奇昕，刘明明

> 企业是减碳的主力军，设置适用的碳目标既是实现碳中和目标的第一步，也决定着未来的减碳路径和技术方向。

气候变化是人类社会共同面临的重大挑战。2016 年《巴黎协定》的正式生效，标志着全球应对气候变化进入关键时期。截至 2023 年 3 月，已有 194 个缔约方支持 1.5℃ 温控目标，并相继做出碳减排承诺。新冠肺炎疫情以来，全球经济增速放缓、地缘政治冲突频发，为应对多重危机，2022 年联合国气候变化大会（COP27）首次设立了帮助发展中国家应对气候灾难的气候"损失和损害"基金，标志着国际合作与互助普惠精神的进一步加强，以及政府、企业和民间组织更深入的参与。

中国是全球气候变化的推动者与生态文明建设的领导者。2021 年 9 月，中国提出碳达峰碳中和的"3060"目标承诺，同年，5 份解决气候变化问题的重要文件相继发布，"1+N"气候政策体系逐步建设。其中，"N"指覆盖各细分领域的具体的降碳路径、保障措施及配套措施方案，对于企业设立碳目标具有重要的指引作用。

企业是减碳的主力军，设置适用的碳目标既是实现碳中和目标的第一步，也决定了未来的减碳路径和技术方向。面对全球气候变化合作的新趋势，企业的减碳工作须尽早开启。

设置明确碳目标的中国企业尚不够多

随着政策的深化和社会关注度的不断提高，越来越多的中国企业加入可持续发展相关的倡议或行动中。2020—2023 年，A 股上市公司的环境、社会和公司治理（ESG）报告披露率由 1/4 上升到 1/3；2022 年，中国参与碳排放披露项目（CDP）

的企业数量超过 2700 家，是 2018 年的两倍多。

此外，在具体的减碳目标和计划上，设立和披露实际减碳目标的企业数量尚不够多。截至 2023 年 3 月，承诺或已经设立科学碳目标倡议（SBTi）[1]的中国企业数量约为 290 家，主要集中在高端制造业及上游、消费品、汽车制造等外向型行业——这个量级仅为日本参与企业总数的 1/3，英国企业的 1/5。同时，国内一些行业的领军企业也在自行设立和公布碳目标，但数量也较少。

三类企业的挑战各不相同

出于企业自身减排的经济性动力不足，国内部分政策细节处于酝酿期，国际标准目标具有挑战性等多重原因，使得企业对于碳目标设置踌躇不前。我们从减排难度和设定碳排目标的意愿这两个维度划分，来看一下高排放、外向型和面向消费者这三类行业的企业的挑战（见图 1）。

图 1 三类行业企业的碳排放挑战

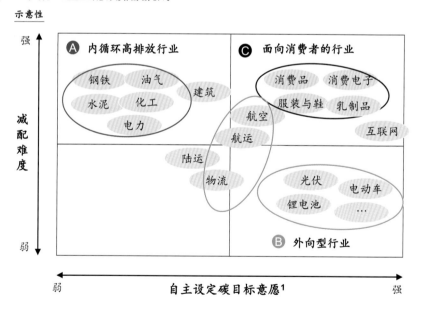

1. 主要由海外业务占比、国际形象压力、消费者压力驱动

资料来源：专家访谈；小组分析

---

1 科学碳目标倡议（SBTi）：2015年由CDP、世界自然基金会（WWF）、世界资源研究所（WRI）和联合国全球契约（UN Global Compact）四家国际机构联合发起，已获得多个行业认可，成为国际认可度较高的碳目标方法论。

内循环高排放行业：减碳成本高，动力不足

高碳排行业是国家双碳政策的重点关注对象，相关政策也在日益优化。发改委颁布的 24 个行业的核算方法和指南覆盖了大部分高碳排行业（如钢铁、水泥、发电企业等），而对碳排基础高且生产模式较为复杂的重化工业而言，仍面临着经济动力不足与技术转型压力大这两大难题。

高碳排行业本身利润偏薄，企业经济动力不足。比如，碳价是企业减排经济动力的重要影响因素，在过去 10 多年中，欧盟通过政策激励、丰富交易品种和加快碳市场流通等方式促使碳价不断上升，这方面的成功经验值得中国碳市场借鉴学习。

碳目标设定意味着有可实现的减碳方案兜底。国内高碳排行业存在着节能减排的技术创新弱、技术不成熟等问题。如钢铁行业，多年来侧重于规模扩张，在循环技术等方面发展较晚，工艺流程能源使用率不高，因此其低碳转型技术的投入与研发面临较大压力。

外向型行业：国际标准挑战大，阻力重重

外向型企业深入参与国际分工，如光伏、锂电池、电动汽车等以新能源为代表的行业，设定碳目标及参与碳中和行动的意愿较强，它们遇到的最大阻力是国际通用标准方法的适用性问题。

比如，SBTi 要求碳排放总量须每年呈线性下降趋势，而新能源大部分赛道的产能处于扩张期，无法走直接下降的路径，像领军的光伏制造企业，未来年产能扩张率在 50%~60%。新能源行业多选取"跨行业减排路径"的体系标准，其针对范围 1 和范围 2 的要求为碳排放总量每年线性下降速率为 4.2%，这令很多企业望而却步。

还有一些具体的指标细节，如面对同一减碳速率，新能源车企与燃油车企减碳的起点和内部逻辑完全不同。相对燃油车，新能源汽车只能通过突破硬核的技术难点（如降低百公里耗电量）来实现下游减排，难度更高。更重要的是，新能源汽车的大量生产和广泛应用，本身就是整个社会体系实现减碳的重要手段，应给予一定的鼓励。

面向消费者的行业：进入减碳深水区，技术难度高

在提高品牌影响力、消费者以及投资机构关注度等客观压力下，面向消费者的

行业中，一些龙头企业早期就开始持续探索，对上下游起到了强有力的推进作用，如乳业；一些则在强有力的产业协会组织带动下，进入碳目标设立的深水区，如纺织行业。

在碳目标的设立和实践上，这些行业面临着自身技术变革压力大、供应链企业动力不足、测算模型不健全等一系列问题，需要企业、行业组织、政府和社会力量多方协同推进。如乳业的主要碳排放来源于奶牛的饲养和运输过程，在饲养环节上，提高单牛产量需要优化饲料配比和奶牛品种基因等核心技术的突破。再如，上下游普遍存在合作动力不足的现象。如乳业行业上游辅料供应商提供的数据不健全、动力不足等问题，由于在养殖业上游的种植业，减碳需要施生物有机肥，供应商的成本会大幅增加，且面临着草原碳汇等更深层次的问题。

多方发力助推企业早日启程

从企业自身角度出发，可以从以下三个方向推进：

公司内部碳定价（ICP）：将碳排放的"负外部性"纳入公司整体经营考量，内部碳定价可以有效帮助公司对冲不确定的监管风险，从而建立可持续发展的核心竞争力。

在麦肯锡数据覆盖的全球约2600家公司中，有23%表示正在使用内部碳定价，另外有22%计划在未来两年内这样做（截至2021年2月），包括能源、材料和金融领域。如，法国公司达能采用每吨碳排放35欧元的内部定价，公开报告其碳定价调整后的每股收益（EPS）。由于该公司降低了碳强度，调整后的每股收益比常规的每股收益增长更快（2019年，达能碳调整后的每股收益增长了12%，而过去较高的增长率为8.3%）。

领军企业示范推广：领军企业应充分发挥建设性的灯塔示范作用，积极在行业内开展减碳的信息和技术交流，推广在选择、设定和达成碳目标上的最佳实践。

无论是对选取和设定碳目标，还是减碳进入深水区的问题，行业领先企业都可以积极成立和参与相关的"灯塔网络"，带领并推动行业内的减碳对话。如世界经济论坛的"全球灯塔网络"，通过发现、复制、扩大制造业的创新应用减少碳排放。该网络中的一家消费保健公司将先进的控制系统与绿色技术相结合，通过一个由传感器感应的自动化系统减少能源消耗，这一创新使能源消耗减少了25%，二氧化碳排放减少了 18%。

供应链低碳管理：可通过加强供应商管理、寻源新的供应商等多种方法，积极动员上游供应商开展碳核查、制定碳目标，减少减碳深水区的行动阻力和信息壁垒，并在全链条上推动规模效益的实现。如，宝马要求供应商与"供应链计划"合作，为供应商打分，监督供应商公布环境影响数据，并提供衡量和评估环境影响数据的工具。

各方应果断采取行动

降低企业碳中和的操作难度，需要各方果断采取行动，其中政府与各界社会组织的参与至关重要，也有着各类成功案例。

在引领重点行业企业的碳目标设定、指导和帮助其应对碳目标实现的各环节挑战上，一些国家有着丰富的成功案例。如德国修订了《气候保护法》，出台针对重点行业的行动计划与战略；英国政府建立了 Defra 因子库，打通分散数据源，建立权威的计算因子与碳排放量数据基础等。

作为政府改革的推动者、国际社会的沟通者和企业合作的连接者，非营利组织也有着独特的价值贡献。一方面，可以积极联合企业发出声音，帮助企业参与国家碳核算与目标制定体系研究，推进国际标准的优化；另一方面，发挥其熟悉国内、国际两个环境的优势，将国际主流方法学改造成为具有中国特色的碳目标方法论，为企业提供阶段性可实现、可操作的目标体系。同时，还可以在帮助企业攻克减碳难题上发挥协同作用，如面对乳业奶牛品种的基因优化等核心技术难题，社会组织可联系企业与研究机构（如农科院饲料研究所），组织具有提供技术落地解决方案能力的技术研讨会，实现跨机构间的技术交流与最佳实践分享。Q

*作者感谢**武子超**、**律美合**、**吴雨桐**、**窦尧**、**李威邑**对本文的贡献。*

张海濛 是麦肯锡全球资深董事合伙人，常驻香港分公司；
吕文博 是麦肯锡全球董事合伙人，常驻上海分公司；
刘奇昕 是麦肯锡项目经理，常驻上海分公司；
刘明明 是麦肯锡知识专家，常驻北京分公司。

探寻中国可持续旅行的未来

华强森，沈思文，余子健，廖绪昌，李星泽

> 如果旅行者、旅行服务提供商和旅游行业立即做出可持续的改变，中国可以实现气候友好的国内旅行。

过去 10 年间，中国旅游业的总收入保持每年两位数增长。2019 年，国内休闲游人次达 60 亿，出境游人次超过 1.5 亿[1]，旅行支出总计约为 1 万亿美元。中国游客的国内游支出和出境游人数双双位居全球首位。

如今，人们对旅游业在疫情过后的复苏前景愈发充满信心。中国旅行者表达了国内游和出境游的强烈意愿，随着国内国际开放政策的逐步落实，旅游业的复苏已初露端倪 。

中国环保旅游之道、麦肯锡、雅高和 Trip.com 集团探讨了中国旅游业对环境的影响，以及游客、旅行服务提供商和行业利益相关方可以采取哪些措施来实现真正的可持续旅行。随着中国旅游业的复苏，解决该行业的环境破坏问题比以往任何时候都更加紧迫。由于这个行业的价值链中充斥着多个相关方和五花八门的活动，所以很容易忽视单一参与方的环境足迹。然而，他们产生的整体影响却不容小觑。

凭借庞大的游客数量和市场规模，中国旅游业可在推进全球可持续发展议程和实现净零排放方面发挥关键作用。

中国国内旅游环境足迹数据一览

为了更清晰地了解旅游业各相关方所产生的环境足迹，本文研究了 2019 年中

---

1 沈思文（Steve Saxon）、陈洸和余子健，《走出阴霾，中国旅游市场拉开复苏大幕》，麦肯锡，2022年12月30日。

国国内游的碳排放、用水量和废物产生量[2]。2019 年，中国国内游共产生约 8 亿吨二氧化碳当量，约占中国总排放量的 6%~8%，其中约 50% 为直接排放（见图 1）。

图 1 国内游最大的碳排放来源是住宿

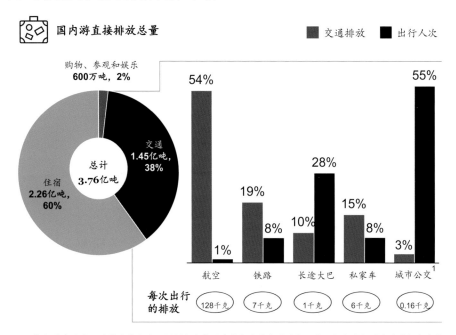

注1 包括城市公交、地铁和出租车。20%公共交通乘坐行为是出于旅行目的，假定每位国内游旅行者每次旅行乘坐4次公共交通工具

国内游游客用水量达到 70 亿 ~80 亿立方米，其中住宿用水占比约 50%。中国国内游游客每年产生 1200 万 ~1400 万吨固体废弃物。

为了对这些数字形成直观认识，下面用从北京到上海的 3 天双飞往返行程来展示一次旅行产生的环境足迹。在这个例子中，假设旅行者乘私家车到达机场，下飞机后乘出租车前往酒店。在 3 天的酒店住宿中，使用酒店提供的一次性消费品，包括矿泉水、肥皂和梳子；每天早晨都会淋浴，最后一天晚上泡一次澡；毛巾每天都会清洗和更换，床上用品只更换一次。旅行者在酒店吃早餐，在外吃午餐和晚餐，每餐都有少量剩饭剩菜；在观光和购物时购买使用一次性塑料包装，用完立刻丢弃；还产生废弃纸巾和瓶子等其他垃圾。

2 计算数据取自多个来源，包括国际民用航空组织（ICAO）碳排放计算器、康奈尔酒店可持续发展基准指数2021、Ecoinvent、中国产品全生命周期温室气体排放系数集、水足迹网络数据库、行业排放计算标准及其他国家标准。

这趟行程产生的排放总和约为 330 千克二氧化碳当量，直接用水量约 1200 升，旅行者在行程中大约产生 4 千克废弃物（见图 2）。

图 2 北京和上海间的 3 天行程的基础情境对环境的直接影响

	总环境影响	旅途 假设每次飞行时间为2.5个小时	住宿 假设每天客房服务	餐饮 假设4次外食	市内交通 假设每天同行2次	活动 假设每天两个目的地
二氧化碳	~330千克	~67%	~27%	<1%	~5%	~1%
水	~1200升	<1%	~90%	~2%		~8%
废物	~4千克	~10%	~40%	~30%		~20%

1 来自消费者活动的直接影响，如范围1和范围2碳排放

资料来源：Ecoinvent；中国产品全生命周期温室气体排放系数集；水足迹计算器；能源基金会；团队分析

这 3 天的行程足以说明，即使有限的活动也可不断叠加，短时间内大幅增加每个旅行者的环境足迹。显然，要加快向可持续旅行转型，旅行者也需参与进来，才能看到真正的可持续改善。

中国旅行者呼吁可持续旅行，但依然任重道远

中国旅行者在助推可持续旅行方面可以发挥关键作用。了解旅行者的观念、态度和偏好，对于推动简单但有意义的旅行行为改变来说至关重要。麦肯锡的最新调查结果显示，中国旅行者具备初步的可持续意识，但尚不愿为更可持续的产品或服务支付溢价（见图 3）[3]。

---

3 基于《麦肯锡可持续旅行调查报告2021》，共有来自巴西、印度、西班牙、中国、美国、沙特阿拉伯、德国、加拿大、英国、波兰、澳大利亚、日本和瑞典的5457名受访者；《2022年可持续旅行消费者报告》，携程集团，2022年9月。

图 3 中国旅行者担心其环境足迹，但目前不太愿意为可持续旅行买单

我真的很担忧气候变化[1]

选择5和6的受访者百分比

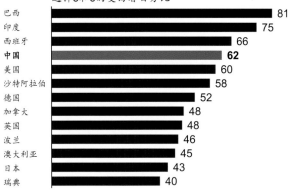

巴西	81
印度	75
西班牙	66
中国	**62**
美国	60
沙特阿拉伯	58
德国	52
加拿大	48
英国	48
波兰	46
澳大利亚	45
日本	43
瑞典	40

我认为商业航空绝对应该在未来实现碳中和（二氧化碳中和）[1]

选择5和6的受访者百分比

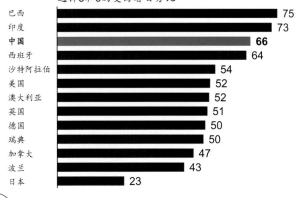

巴西	75
印度	73
中国	**66**
西班牙	64
沙特阿拉伯	54
美国	52
澳大利亚	52
英国	51
德国	50
瑞典	50
加拿大	47
波兰	43
日本	23

您愿意为保持碳排放中和多支付2%的机票价格吗？[1]

受访者百分比回答"愿意"

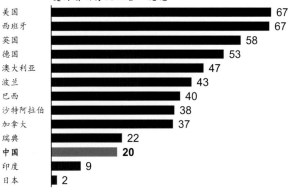

美国	67
西班牙	67
英国	58
德国	53
澳大利亚	47
波兰	43
巴西	40
沙特阿拉伯	38
加拿大	37
瑞典	22
中国	**20**
印度	9
日本	2

1 1=非常不同意，6=非常同
注：调查人数=5457人

资料来源：麦肯锡2021年可持续旅行调查

93

然而，中国旅行者认为，可持续旅行是多方共同的责任（见图4），并表明政府和旅游服务供应商应在支持可持续转型方面发挥重要作用。

图4 中国旅行者认为，提高旅行的可持续性是各界的共同责任

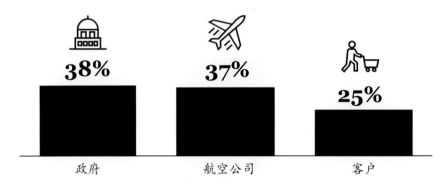

可持续航空（即提高飞机旅行的气候友好性）会产生额外成本。谁应当为额外成本买单？

总数=403，受访者百分比

政府	航空公司	客户
38%	37%	25%

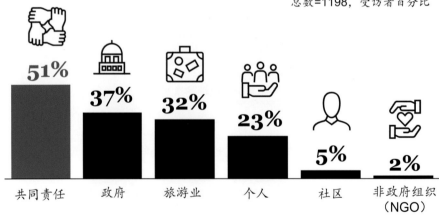

谁应该为减少旅游业的负面影响承担最大责任？（最多选择两项）

总数=1198，受访者百分比

共同责任	政府	旅游业	个人	社区	非政府组织（NGO）
51%	37%	32%	23%	5%	2%

资料来源：麦肯锡2021年可持续旅行调查；携程集团发布的《2022年可持续旅行消费者报告》（中国大陆数据）

中国旅行者正在寻找更可持续的旅行方案，但在搜索上或需更多帮助。当他们开始搜索时，在线旅行平台可以让可持续旅行方案更触手可及，帮助旅行者做出更环保的决策（见图5）。

图5 中国旅行者已开始寻找可持续旅行方案，但是他们还需要更多帮助

超过60%的旅行者会主动寻找可持续旅行方案 ———————————

? 您在网上预订时，是否会主动寻找可持续旅行方案？[1]	**20%** 总是	**42%** 偶尔	**19%** 从不	**19%** 不确定

但是他们面临困难，需要帮助 ———————————

? 在提高旅行的可持续性时，您遇到过什么具体困难？[1]（请最多选择两项）	**37%** "我不确定哪些属于可持续旅行方案/这些方案是否可靠"	**32%** "缺乏可持续方案"	**27%** "可持续旅行方案未明确标注"	**23%** "可持续旅行和/或碳抵消方案价格过高"
? 您认为在线旅行网站/提供商应当采取哪些措施鼓励可持续旅行？（选择所有适用选项）[1]	**68%** 对可持续旅行产品做出明确标注	**53%** 方便筛选和寻找可持续旅行产品	**43%** 为用户提供优惠激励	**40%** 打造有吸引力的可持续旅行体验

1 总数=1198人，受访者百分比

资料来源：携程集团《2022年可持续旅行消费者报告》（中国大陆数据）

综上所述，这些因素表明，旅游业可以利用这种意愿，帮助中国旅行者减少他们的环境足迹。可持续旅行确实需要各方共同努力，但旅行者可立即采取多种行动，支持"气候友好型旅行"。

旅行者可采取多种行动大幅减少自身环境足迹

旅行者只要在习惯上做出改变，就可为减少环境足迹带来立竿见影的效果。例如，旅行者可在规划预订和实际行程中，做出以下选择。

- 经由认证服务提供商选择和预订可持续旅行方案。旅行者可访问认证机构的网站，确认旅行服务是否符合特定的可持续发展标准。
- 选择更可持续的交通模式。短途旅行可用火车代替飞机，旅行者还可以在租赁或接送服务中选择可再生能源汽车，以及预订碳排放量较低的航班。
- 减少食物和包装浪费，按需点餐。许多餐厅都提供推荐分量来减少食物浪费，

有些会在菜单上标明每道菜的碳排放量，来帮助顾客做出更可持续的决定。旅行者还可自备能重复使用的物品，如水瓶、餐具、吸管和购物袋。

- 尝试当地食材制作的美食。这可减少物流过程产生的碳排放，还能丰富旅行体验。

- 树立可持续的购物理念。旅行者可通过自备购物袋来减少包装废弃物，还可选购更耐用的纪念品，以免购买之后很快就丢弃。

让我们带着这些"绿色"习惯重新回顾从北京到上海的 3 天行程，会惊喜地发现这趟行程居然可以减少高达 45% 的碳排放、25% 的用水量和 65% 的垃圾量（见图 6）。

图 6 旅行者采取更明智的选择后，其环境足迹较基础情景可减半

	共计减少	旅途	住宿	餐饮	市内交通	活动
二氧化碳	**-45%**	**-110千克**	**-30千克**	-2.5千克	**-7千克**	
水	**-25%**		**-300升**	-1200升		
废物	**-60%**		**-1千克**	**-1千克**		**-0.6千克**

尽管个体行动可以大幅降低整体环境影响，但单纯改变旅行者的行为只是第一步；旅行服务提供商可以帮助旅行者做出正确的选择。

旅行服务提供商可从减少环境足迹中挖掘商机

当旅行服务提供商对运营方式做出可持续调整时，便可减少自身的整体环境足迹。因此，当他们提供更多触手可及、信息完备的可持续旅行方案时，旅行者也将拥有更多可持续选择。

在能耗、用水量和废弃物足迹方面，酒店在整个旅游业中占比极大。为此，酒店可以重新审视自身的运营管理方式，利用新的智能技术来监控和降低能源消耗与废弃物产生量。改用可再生能源也可进一步减少碳排放，升级基础设施并及时维护

也能防止能源损耗和浪费。

作为许多消费者规划行程的第一站，零售型旅行社完全有能力引导客户选择可持续旅行方式。旅行社可以利用他们现有的奖励计划、平台和新技术来帮助旅行者规划他们的可持续旅行。旅行服务提供商也可借助清晰的标签、个人碳信用账户等工具，帮助旅行者了解自身行动对环境的影响。

航空旅行通常是所有旅行中最大的排放源。随着旅行者踏上旅程，航空公司可以采用数字化和数据分析来解决减排问题，结合飞行、环境和其他外部数据来预测飞行所需的最佳燃料数量。可持续航空燃料（SAF）在减少燃料排放方面颇具前景。航空公司也可考虑与供应商在碳信息透明度报告、监测和脱碳等问题上进行合作，帮助减少整个供应链的排放。

更多方面的旅行服务提供商，如汽车租赁服务、旅游景点经营者等，都可在塑造可持续旅游的未来行动中发挥作用。整个旅游业可以联合起来，为全行业的可持续转型创造条件。

所有相关方携手合作，塑造可持续旅行的未来

消费者和旅行服务提供商可以帮助旅游业在可持续发展方面获得一些立竿见影的效果。然而，要持续推进可持续发展，仍然需要全行业的共同努力。

目前旅行者愿意为可持续旅行支付的溢价远低于实际增加的成本，短期内旅游业很可能要考虑自行承担可持续转型的成本。旅游业可以商定可持续发展的最低要求和目标，以彰显全行业的决心。建立全行业统一的可持续评级体系，以增加旅游服务提供商可持续声明的可信度。统一的评级体系可以专注于对环境足迹的定义和测算，帮助旅行者优化自己的选择。

在旅游业的复杂的相关方结构中，协调各相关方的动机也可推动向可持续旅行的转变。通过将可持续发展原则纳入影响各方利益的全行业标准，就能让每个相关方的动机保持一致。例如，

在酒店的星级评定系统中加入更多强制性的可持续发展标准，使酒店所有者和运营者的动机保持一致。

尽管可持续航空燃料（SAF）等关键技术和解决方案已经出现，并且也有需求，但仍不足以支持全行业普及，且供应也十分有限。领先企业可组建先发者联盟，承诺采用可持续解决方案，通过释放集体需求信号，支持规模化生产，来解决供需僵局。旅游业和外部相关方可以成立基金项目，来降低可持续技术解决方案的部署成本，因为许多小企业很难负担可持续解决方案的前期投资。

许多行业参与者缺乏充分的信息，因而难以成功部署可持续措施。行业可通过填补参与者的知识空白来解决这个问题，并建立一个集中平台，确定关键技术和解决方案，并引导相关方选择合适的融资方案。

当以互惠互利的目标统一不同声音时，整个旅游业价值链的联合行动可推动向可持续发展的长期变革。

可持续旅行的未来

在我们对未来的某一畅想中（见图7），从旅行者萌生旅行想法、开始研究方案和预订行程起，到完成旅程，每一个环节的所有活动和设施都能以尽可能减少排放为目标。交通（尤其是航空）的减排，需要交通服务提供商转向清洁燃料或采用氢动力班车、自动驾驶电动汽车、电动垂直起降飞机（eVTOL）等替代方案。废弃物和用水量方面占比最大的酒店和餐厅，可通过循环经济模式确保材料得到回收利用，水也不被浪费。在酒店、餐厅、商场、机场等食物和材料消耗较大的地方，都设置有垃圾分类设施，同时城市农场可把厨余垃圾制成肥料，用于为蔬菜和农作物施肥。住宿服务提供商除了购买绿色电力，还可共同承诺自行配备可再生能源发电设施。而采用这些解决方案所需的资金都来自旨在支持可持续项目的融资机制，并且所有建筑都在设计过程中就已考虑到环境影响。

图 7 想象一个可持续旅行的未来

1 预订平台用虚拟现实预告片展示可持续的自然风光旅游套餐

2 绿色氢燃料公共交通

3 可持续的机场，以绿色电力驱动的eVTOL飞机

4 可持续酒店采用现场可再生能源、被动式设计、循环废物和水处理系统

5 清洁能源驱动的自动驾驶汽车

6 对环境影响最小的可持续的自然风光目的地

7 可持续购物中心提供环保产品和当地取材的菜肴

8 eVTOL返程航班采用绿色电力驱动

中国旅游业足以凭借其庞大的规模，在推进可持续发展议程方面发挥领导作用。随着旅行者在疫情过后开始重启出行计划，他们在旅程中的每一个环节，都有机会做出看似微不足道但却能立刻减少环境足迹的选择。但推动可持续旅行的责任不能仅由旅行者承担，长远变革需要整个旅游业的参与者共同携手；从酒店到旅行社，从绿色投资者到技术提供商，概莫能外。Q

本报告完整版：https：//www.mckinsey.com.cn/%E6%8E%A2%E5%AF%BB%E4%B8%AD%E5
%9B%BD%E7%8E%AF%E4%BF%9D%E6%97%85%E8%A1%8C%E4%B9%8B%E9%81%93/

感谢**Richard Beh**、**Carrie Chen**、**Ray Chen**、**陈子**、**Margaux Constantin**、**Giuseppe Genovese**、**郭晏然**、**Violet Jiang**、**Christophe Lauras**、**李丽丽**、**Mackenzie D Murphy**、**Brune Poirson**、**Esteban Ramirez**、**Gary Rosen**、**Shashank Singh**、**孙明明**、**Ken Wong**、**Vivian Yeh**、**张悦**、**蔺芯如**、**王璟莹**对本文的贡献。

华强森（Jonathan Woetzel） 是麦肯锡全球资深董事合伙人，常驻上海分公司；
沈思文（Steve Saxon） 是麦肯锡全球董事合伙人，常驻深圳分公司；
余子健 是麦肯锡全球董事合伙人，常驻香港分公司；
廖绪昌 是麦肯锡全球副董事合伙人，常驻香港分公司；
李星泽 是麦肯锡咨询顾问，常驻北京分公司。

乘风破浪绿色行：
航运业脱碳转型正当时

Arjen Kersing，Matt Stone，沈思文，廖绪昌

> 加快航运业高价值脱碳转型的三个举措之间联系紧密、相辅相成，可合力推动行业实现可持续发展目标。

航运业既是最具挑战性的脱碳行业之一，又是脱碳成本最高的行业之一。在遵守节能减排规定的同时，航运企业还须协助客户和终端货物用户，减少它们的范围3碳排放。为了克服上述挑战，一些航运公司选择"静观其变"，持续跟进绿色技术和清洁燃料的发展；另一些则选择"主动出击"，有针对性地采取行动，以灵活应对不断变化的政策，从正在兴起的"绿色溢价"浪潮中获利。

无论选择哪种策略，航运业当前最大的挑战，便是在资产战略和商业立场中实现可持续转型，并借助适当的技术和措施来降低碳排放，提高竞争优势。脱碳行动计划不仅要适用于具体船只，还要贴合投资组合层面的脱碳路径和财务回报概况（见附表1）。

本文提出了三个举措来加快航运业的高价值脱碳转型，这些举措之间联系紧密、相辅相成，可合力推动行业实现可持续发展目标。在合理制订脱碳行动计划时，企业可以对照问题清单，从答案中获取洞见（见附表2）。

船队举措：使船舶更具可持续性

船东和航运公司可以有三个策略加快实现船队脱碳计划：能效提升、航行优化和低速航行。

策略一：能效提升

软硬件改进是提高能效最直接的方法。其中，硬件改进主要集中在外部，如

提高螺旋桨效率的设备、球鼻艏和高性能涂料等；软件改进则主要集中在内部，如锅炉优化、辅助系统需求减少和效率提升等。在扩充船队时，可以采用价值设计法（Design to Value，简称DTV），匹配船舶主机、辅机的功能和规格，去除不必要的功能，增加对业务或环境有利的功能，以提高船舶能效，优化船舶的全生命周期价值。这些举措不仅能够满足船队需求，还可以实现降本增效。

策略二：航行优化

理论上，航行优化能够实现最优的燃料消耗和碳排放控制，有效减少碳足迹。但在实操过程中，许多变量都有待管理，如天气、洋流、港口停靠、燃料价格预测和客户需求等。此外，航运公司还面临一个主要问题，即"自研还是外购"。是通过自己开发算法获得竞争优势，还是依赖现成解决方案选择供应商数据库。

策略三：低速航行

速度放缓能够减少燃料消耗，进而有效降低碳排放。船只航行过程中，每降低一节航速，燃料消耗就会减少10%~15%。这种策略比较适用于老旧的集装箱船，因为它们可以在不使用清洁燃料的情况下，满足碳强度指标（CII）的要求，将运营时间延长3~5年。虽然出于库存管理等考量，汽车主机厂对航运的时效性要求通常较高，但低速航行却可降低供应链范围3的碳排放，鉴于这一点，部分汽车运输可以考虑使用低速航行船只。当然，如果客户需要大量的运力，航运公司则需要增派船只，以抵消低速航行带来的影响，这会带来航运成本的上升。此外，低速航行对于本身速度已经极慢的散货船并没有太大意义。综上所述，低速航行并不是万能良药，需要具体问题具体分析。

燃料举措：设计多样化的供应商组合

燃料类型直接影响着航运业的碳排放，市面上的清洁燃料林林总总，如生物燃料和电燃料，但这些燃料的发展阶段各异，如何选择值得深思（见附表3）。为满足未来清洁燃料的需求，航运公司可以采取多样化的供应链战略，转变观念，不再将燃料采购作为单纯的大宗采购，而是对不同的清洁燃料和传统燃料进行组合管理采购。

由传统燃料向替代燃料过渡需要灵活的策略。许多替代燃料供应商仅在当地运营，缺乏像传统供应商那样庞大的供应网络。由于没有长期的业绩记录，因此需要合作伙伴的有力支持。这就意味着航运公司面临着燃料供应不稳定的风险，为分散风险，可以选择与多家替代燃料供应商合作，并在有需要的时候锁定燃料供应。

　　航运公司可以锁定技术准备度、二氧化碳减排成本、合作潜力、地区分布、先发优势以及供应商成熟度这六大维度，以选择合适的燃料供应商（见图1）。

图1 航运公司在选择燃料供应商时需要锁定的六大维度

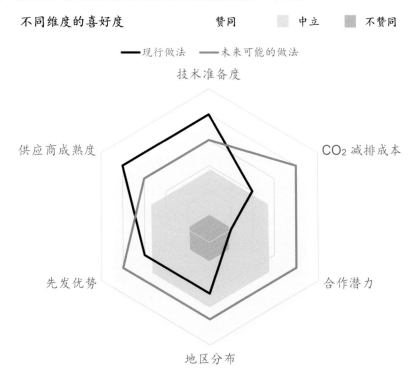

　　当前，多数公司的燃料供应来源于几个主要的化石燃料供应商，纳入其他清洁燃料供应商可为航运公司带来更多选择。从技术准备度和成本角度来看，清洁燃料无法与成熟的化石燃料相媲美，但也意味着清洁燃料供应商更愿意进行合作试点创新，为合作的航运公司提供优惠价格，以让它们掌握先发优势。此外，相较于成熟的化石燃料，清洁燃料更易在多地获取。随着技术成本的降低，使用清洁燃料的减排经济性将高于化石燃料。

　　当然，多样化的供应商组合也对航运公司的运营能力提出了更高要求。一方面，航运公司需要了解可持续燃料的供需情况。通过建立（或购买）平台来监测全球数据，以了解最新进展，还可以建立"技术雷达"，如与大学进行研究项目合作，或与风投合作推出识别方案等，及时跟进清洁燃料的前沿创新。

另一方面，航运公司需要提高优化采购策略的能力。数据驱动的成本模型可以基于原料来源、生产路径、规模优势、燃料对冲和供应商利润等因素，计算公司采购每种类型燃料的应有成本。此外，实时的需求和供应数据、物流成本、加油站升级和加油成本也须纳入考虑范围。

商业化举措：企业如何赚取绿色溢价

第三个脱碳举措是挖掘可持续航运的经济效益。随着客户减少范围 3 排放意愿的不断增强，航运合作伙伴的排放水平将成为重要区分标准。超过 85% 的客户表示，可持续性将在未来 5 年显著影响其物流合作伙伴的选择，但对绿色产品的偏好和支付意愿却存在差异。[1]

因此，航运公司可以基于对客户的了解，考虑对客户群体进行战略细分，开发并提供价格合理的可持续服务。通过深入洞悉客户的范围脱碳目标，掌握客户范围 3 排放的边际减排成本曲线（MACCs），以了解航运在其脱碳进程中的重要性。通过分析这些细分战略，航运公司可以区分出绿色产品，以满足客户特定的脱碳需求。

航运公司现有的船队及燃料选择主要分为三类：直接降低排放（商品用低碳船运输）；物理分离（客户支付改善船队碳足迹的燃料费用，提供"预定和索赔"证书）；以及碳中和航行（通过支持非运输相关的可持续项目进行碳排放抵消）。客户可以根据自身实际情况在这一绿色产品组合中进行挑选。

更为环保的航运方案不仅能为货主带来额外价值，还有助于推广可持续航运理念。货主若能巧妙推销和定价其绿色产品，便可在收回可持续航运额外成本的同时，赚取绿色利润（见图 2）。

---

1 麦肯锡托运之声调查，基于2022年4月至5月加拿大、德国和美国1933名受访者的采访结果。

图 2 绿色产品拥有巨大的价值创造潜力

示例：产品价值定价瀑布图[1]

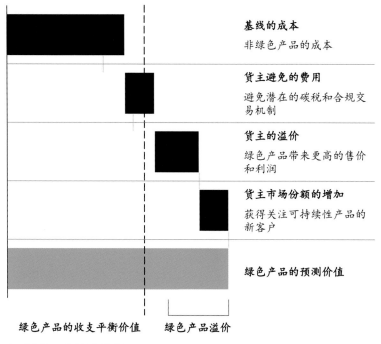

基线的成本
非绿色产品的成本

货主避免的费用
避免潜在的碳税和合规交易机制

货主的溢价
绿色产品带来更高的售价和利润

货主市场份额的增加
获得关注可持续性产品的新客户

绿色产品的预测价值

绿色产品的收支平衡价值　　绿色产品溢价

1.　价值将以百分比提升（指数）

脱碳行动计划三步走

脱碳行动计划是指导船队规划、燃料采购和商业化决策的重要工具。该计划由三个部分组成：设定目标和基准、行动规划、执行和学习。

设定目标和基准：航运公司应首先明确自己的脱碳目标，识别其脱碳轨迹只是为满足最低法规要求而服务，还是想要实现公司的宏伟愿景。在此基础上，须为每艘船设定排放基线和脱碳目标，并根据成本、复杂性和风险，评估并打造船队、燃料和商业化任务的不同组合。

行动规划：制定覆盖船队、燃料和商业化的一体化行动。在船队方面，航运公司可以采用升级船舶硬件、使用清洁燃料、通过数据分析优化航行，以及审查并修改合同实现低速航行等手段；在燃料方面，航运公司需要分析清洁燃料的供与求，积极建立与生产商和供应商的合作伙伴关系，并更新清洁燃料船只的部署；在商业化方面，航运公司可以分析客户的范围 3 目标和 MACC，针对不同客户精准选择绿色产品。行动规划的关键在于测试多种情景，并考虑潜在技术、燃料成本、政策和法规，以及客户对绿色航运的需求等多种不确定因素。因此，航运公司应明确哪些行动是无悔之举，并针对特定情况设计应对方案。

执行和学习：为了更好地管理脱碳举措，需要建立一个中心化的"单一数据来源"，由脱碳转型办公室或核心团队负责，将执行和学习成果快速应用到业务中。

附表 1：脱碳行动计划

脱碳行动计划有助于转型初期的航运公司优化成本支出，实现船队减碳目标。有些公司仅关注船舶层面（如"哪些效率提升技术效益显著，值得我们部署？"）；而有些公司则倾向于比较潜在的燃料类型（如"让整个船队都使用氨气燃料"）。根据

图 A 基于不同的情景假设，液化天然气、生物柴油、绿色氨气和生物 / 绿色甲醇的使用存在显著差异

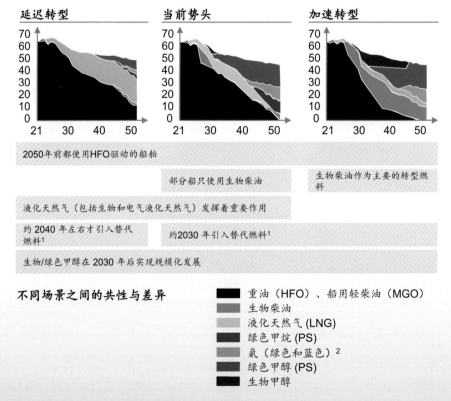

按不同场景及其特征的燃料消耗示意性说明

我们的经验，成本最优的减碳路径比这两种方法更加细致入微。

我们与合作伙伴开发了 Fleet Decarbonization Optimizer 工具，可以帮助航运公司快速确定脱碳目标，并针对船队和燃料选择制订具体行动计划。

由于存在诸多不确定性，不同情境下的行动也自然各不相同。即便是在单一情境下，船队也可能采用多种燃料途径。而每艘船舶将根据其特定的操作特性、船龄和效率，选取不同的节能装置（见图 A 和图 B）。

图 B 基于各项效能举措的使用成本进行部署决策

每年预计部署各项能效率的船舶数量1

1. 包含未采用的举措

脱碳行动计划是一个指示性、全面的脱碳轨迹,要为未来 10 年,甚至更长时间内的船队规划、燃料采购和商业化提供方向。以下是公司在做计划前需要回答的问题清单。

船队:

- 需要使用哪些节能设备并部署哪些效率提升举措?
- 是否需要将现有传统燃料船只改装为清洁燃料船只?
- 新船应采用何种推进模式和燃料类型?

燃料:

- 绿色燃料源于何处? 能够保障多少供应? 成本如何?
- 哪种燃料路径组合能够平衡脱碳、成本、韧性和其他考虑因素?
- 与供应商签署何种协议才能获得有吸引力的燃料价格?
- 什么是多元供应商组合的最佳管理模式?
- 如何调整船队部署 / 网络以使用绿色燃料?

商业化:

- 客户制定了怎样的范围 3 排放目标?
- 哪些绿色航运服务可以满足客户需求?
- 什么是绿色航运服务的正确价格点?
- 哪些推动因素可以助力"绿色需求"(例如,碳核算和透明度)的释放?

许多替代燃料都得到了航运业的关注。未来 30 年可能会涌现多种选择,但仍缺乏通用的解决方案。

- 液化天然气(LNG)能够减少约 20% 的二氧化碳排放,但可能会增加甲烷排放量;
- 生物甲烷 / 生物 LNG 可用于取代化石燃气,但也可能面临甲烷排放问题,并且成本下降潜力不大;

- 电化甲烷昂贵，可能面临甲烷排放问题，并且仍会排放二氧化碳，但可以通过使用生物源或直接空气捕集（DAC）的二氧化碳来实现零碳排；
- 生物柴油（HVO）可以降低高达90%的碳排放，但可能面临潜在的生物原料限制，并且成本下降潜力有限；
- 生物甲醇是零碳燃料，可以在室温下储存和处理，但成本下降潜力有限；
- 电化甲醇目前比生物甲醇更昂贵，但长期来看价格会更便宜。它可以通过使用捕获的生物二氧化碳或DAC实现零碳排；
- 电化氨是零碳燃料，但有毒，需要解决安全和存储问题，并且氨发动机需要2~3年时间才能投放市场；
- 绿氢和蓝氢由于能量密度的问题，可能只适合短程航线市场；
- 核能是最接近零碳排的燃料，其商业应用需应对环境、监管、经济和社会接受等挑战。

• • •

面对来自客户、监管机构、股东以及其他利益相关者的压力，船运公司亟须快速实现脱碳。通过提升船队的可持续性、选择更为合理的燃料供应商，以及通过商业化赚取绿色溢价，航运公司不仅可以规避脱碳风险，推动行业向更加可持续的方向发展，还有望在此过程中获得丰厚回报。Q

感谢**唐建军**、*Susann Almasi*、*Martin Joerss*、*Benjamin Weber* 和 *Apostolos Zampelas* 对本文的贡献。

Martin Joerss 是麦肯锡全球资深董事合伙人，常驻汉堡分公司；
Arjen Kersing 是麦肯锡资深专家，常驻阿姆斯特丹分公司；
沈思文（Steve Saxon） 是麦肯锡全球董事合伙人，常驻深圳分公司；
廖绪昌 是麦肯锡全球副董事合伙人，常驻香港分公司；

业务增长与可持续：
离散制造商演绎"鱼和熊掌可兼得"

Karel Eloot，李晓庐，廖绪昌，Seunghyuk Choi，Karsten von Laufenberg

> 领先离散制造商通过优化产品、改进流程、跨供应链合作以及部署先进的数字化工具，快速减少运营中的碳足迹。

在"碳中和"的大背景下，世界各地对碳排放的贸易政策正在趋严。例如，欧盟出台了碳边境调节机制，以应对碳泄漏风险。中国则进行了碳市场准入门槛和配额分配制度设计，致力于建设全球规模最大的碳市场……类似举措将进一步限制"高碳制造、低碳使用"模式，进而影响中国制造业的国际竞争力。

中国制造企业的低碳转型迫在眉睫。然而，脱碳对离散制造商而言绝非易事。离散制造商的价值链往往横跨多个地域和层级，十分复杂，且这些价值链中的大部分碳足迹并不受制造商的直接管控：原材料和组件的生产、运输及产品的使用过程都会消耗大量能源（见图1）。

图1 产品的碳足迹遍布其整个价值链和生命周期

按《温室气体核算体系》划分的生产阶段

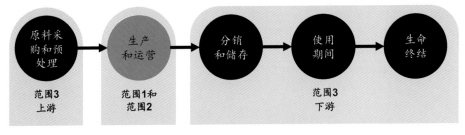

资料来源：《温室气体核算体系》；麦肯锡分析

不过，领先制造商已经开始对整个价值链大刀阔斧降低碳排放。基于各自价值链的实际情况，以及减排抓手的成本、影响和可行性，各家的减碳举措焦点可能迥然不同（见图2）。除了使用替代能源和提升能效这些常规举措外，还有诸多创新减排手段可供选用，如采购低碳或零碳原材料、采用更环保的产品设计，以及在循环经济原则下提升产品利用率等。这些宝贵经验可为尚处低碳转型早期的中国企业提供借鉴。

图 2 离散制造商正在部署一系列减排举措

在《温室气体核算体系》各个排放范围内部署的减排抓手

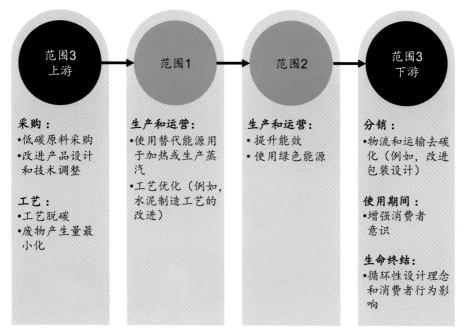

领先离散制造商的四大宝贵转型经验

领先离散制造商最成功的减排项目往往有两大特点：第一，大胆开展整体运营转型，最大化激发变革潜力。第二，行动迅速，或在低碳材料采购渠道上抢占先机，或一早就确立可持续产品首选供应商的发展定位。

这些果敢而迅速的行动离不开系统性减排方案的支撑。领先离散制造商在以下四个方面的表现尤为突出。

1 拥抱双重使命

领先组织均主动拥抱业绩增长和可持续的双重使命(见图3)。这一点至关重要，因为脱碳要求企业在产品设计、材料规格和供应链碳足迹等方面做出技术性改变，而这些调整带来的材料参数细化、产品设计精简、订单量提升等，又为实现成本优化提供了机会。因此，低碳产品能创造增收机遇，行动越早，空间越大。通过在环保资历方面的深厚积累，企业不仅能进入新的市场，还能打造更加高端的产品定位。

图3 制造业的双重使命转型带来业绩增长与可持续发展的双赢

根据《温室气体核算体系》排放范围所部署的减排抓手

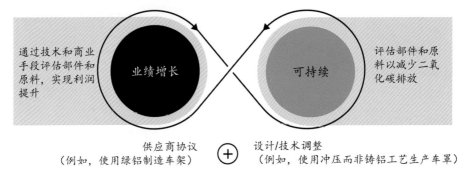

通过技术和商业手段评估部件和原料，实现利润提升　业绩增长　可持续　评估部件和原料以减少二氧化碳排放

供应商协议
(例如，使用绿铝制造车架)　＋　设计/技术调整
(例如，使用冲压而非铸铝工艺生产车罩)

为了满足原始设备制造商 (OEM) 对减少供应链排放的需求，亚洲某汽车供应商进行了双重使命转型。该公司首先在产品层面设定了排放基线，然后制订了一系列碳减排方案，并对每个方案的影响、成本和利润进行了计算，最终确立了脱碳和盈利目标，并绘制出一个切实可行的路线图。

该公司在整个组织层面推行了改革，覆盖 50 多个生产基地、多个业务职能，以及 10 多个产品小组。在公司针对关键组件开展的几次深度讨论会上，员工提出了 100 多个截然不同的脱碳方法。这种自下而上的方式不仅能集思广益，还让低碳转型理念深入人心，团队成员没有被迫参与的无奈感，而是对减碳行动充满使命感和责任感。

如今，该公司共有 350 多个活跃的脱碳项目。在转型过程中，公司也优化了绩效管理和跟踪体系，设置了一套全新的关键绩效指标，以在公司、业务部门、职能部门和工厂等各个层面跟踪转型进展。目前，该公司正在朝着 2030 年减排 40%以上、2050 年实现净零排放的目标大步迈进。

2 推进供应链合作

大多数制造商的碳足迹集中在上游供应链。为了实现范围 3 减排，企业应积极主动与各级供应商开展合作。考虑到制造过程中的碳排放主要集中在原材料的生产环节，保证原材料的绿色供应渠道对于减排至关重要。

低碳材料既可以是经过回收利用的再生材料，也可以是利用低碳、零碳技术生产的原生材料。制造商不仅要深入了解这些材料市场的现状和走势，还要了解其应用背后的技术影响。比如，有些绿色原料可以直接替代现有材料，某些材料可能会要求对产品设计和规格进行调整。在明确使用替代材料之前，必须确保其商业和技术方面的可行性。此外，考虑到多个行业都在寻求减排，对关键绿色原材料的竞争或将日益加剧，对于绿钢这类产量有限的原料而言更是如此。

那些果断出击、积极寻找绿色材料供应渠道的企业，不仅大幅降低了范围 3 碳排放，还成功实现了成本节降。某汽车 OEM 利用成熟的价值设计法，在短短两年内实现上游范围 3 减排 20%，同时将直接材料降本 5%。该公司主动协助主要供应商采购使用水电，而非化石能源生产的铝原料，使铝制部件的内含碳排放降低了约 2/3，且对供应商和该 OEM 不造成任何成本损失。

3 引入绿色设计

一件产品在生产和使用过程中的碳足迹，往往在设计阶段就已决定了。领先企业正在通过引入新的设计人才、工具和激励措施等手段，鼓励低碳和零碳产品设计，以此实现产品开发环节的低碳转型。

诸多推动绿色设计最为行之有效的技术，其实来源于领先企业早已用于优化产品成本、质量和性能的手段。例如，在设计部件时，数字模拟和几何优化系统可帮助设计团队适应更广泛的材料特性，让企业得以使用品级更低但回收成分比例更高的合金。

类似的决策需要多个业务职能部门之间的密切协作。例如，为了选出最合适的替代材料，设计团队须与采购和制造部门紧密沟通。在低碳举措的决策过程中，还应将不断变化的客户偏好纳入考量。为了明确客户对绿色产品的态度，某大中华区技术制造商对主要客群进行了大量的调研。结果表明，部分客户确实愿意为环保产品支付溢价，且公司在削减成本和减碳方面面临很多机遇，比如换成可回收材料制成的朴素包装并不会降低客户对产品价值的认可。基于这些发现，该制造商开始研发全新的产品线，以满足客户在环保方面的产品需求。

4 直击能源挑战

范围2减排看似十分容易，实则颇为棘手。乍看上去，企业只须降低能耗和使用清洁能源便可实现能源脱碳。然而，鉴于能源消耗并非集中于一两处，而是广泛分布在多个资产、流程和设施中，想要降低能耗实际上十分困难。在每一处消耗能源的节点，都要从众多能效提升举措中选出最优方法，包括变更运营模式、更新换代技术，以及优化生产流程等。要选定最佳举措，并确定最优的实施顺序，还要求企业进行仔细的分析和详细的投资回报率计算。

转为使用可再生能源看似并不困难，毕竟大多数企业都是从少数几家大型供应商处购买电力。实际上，可再生能源的供应和能源交易机制往往存在巨大的区域差异，并且可再生能源的成本会随市场情况的改变而浮动，因此在用户没有明确需求的情况下，转为使用可再生能源会缺乏充分的支撑。

话虽如此，企业仍需未雨绸缪，使用清洁能源终将成为开展业务的前提。企业可与能源分销商和交易平台建立合作关系，立足长期的能源安全需求，制订能源保障规划方案。这就要求企业培养研读能源政策和法规的能力，以评估不同能源采购方式的优势及风险。

在欧美地区，部分制造商已经尝到了早做准备的甜头。部分企业通过与供应商签订长期电力采购协议等方式，在快速变化中的可再生能源市场获得了先发优势。另一些企业则选择在工厂内部或是邻近区域直接投资可再生能源项目，以获取绿色电力。在中国，鉴于目前绿电可得性方面存在挑战，制造商可从联系对口售电企业及绿证交易平台入手，同时品牌商也可以作为中间方，协调电网和发电企业锁定绿电供应。

某亚洲科技集团在意识到数据中心网络减排对于实现碳中和的重要性之后，决定采用类似的策略，除了对多个项目地投资了可再生能源发电设施，还与几家大型可再生能源供应商签署了长期购电协议。为了实现全天候的绿色能源供应，该集团还大力投资储能等下一代技术。

众擎易举：全方位支撑转型落地

想要把这四大措施落地,需要所有员工了解可持续发展对于公司业务的重要性,以及组织的可持续发展目标。员工还要弄清自己在工作中需要做出哪些改变,并且确保自身拥有支撑改变所需的技能、工具和信息。

对大多数企业而言,可以从自上而下宣导可持续发展愿景入手,辅以有针对性的能力建设,以培养新的技能和思维方式。比如,企业可以建立一个环境、社会和治理(ESG)学院,课程覆盖核心可持续性概念、关键利益相关方的声音、竞争对手已采取的举措,以及最适用于本公司的战略主题等。以汽车行业为例,能力建设工作通常集中在设计、采购和低碳产品的制造上。

为了监控和管理转型进程,企业须建立一个体系,将成本、碳减排和盈利目标传导至各个业务层级,跟踪目标进度,并鼓励有效的跨职能合作。企业可将自上而下的目标与自下而上的规划有机结合,鼓励团队和个人走出舒适区。例如,半导体的制程十分复杂,导致减排面临重重阻碍,企业仍可为采购团队设定碳减排目标,鼓励其与集成电路供应商进行减碳方面的合作创新。

还应指派一位精明强干的高管统领转型。双重使命意味着企业不仅要克服快速脱碳带来的新挑战,还要完成传统转型所要求的所有任务,包括使用先进的数字工具、实现降本增效等。这位首席转型官(CTO)要深谙其中的方方面面,且上任越早,转型成功可能性越高。

最后,双重使命转型也会对组织的数据基础设施和工具提出新的要求。例如,企业需要建立有效的碳跟踪和核算系统,以监测整个价值链的碳排放。此外,减少范围3排放也离不开生命周期分析(LCA)和强大、颗粒度精细的数据库支撑。比如,即便原材料和零部件完全一样,产地和运输方式不同,产品碳足迹也会出现巨大差异。企业在加大可持续发展举措力度,覆盖全球数千个复杂部件的过程中,迫切需要对数据的收集、验证和共享流程进行标准化和自动化处理。

• • •

领先离散制造商正在用亲身实践证明,只要投入与追求财务业绩同等的热情,切实提升可持续表现就不是妄想。这些企业正在充分发挥自身专长,通过优化产品、改进流程、跨供应链合作以及部署先进的数字化工具,以快速减少运营中的碳足迹。对于刚踏上可持续发展之旅的中国企业而言,只有在能力培养、工具部署和供应链

关系构建等方面迅速行动，且有所建树，才能在这场双重使命的转型竞争中博得一席之地。Q

作者诚挚感谢*Johan Bengtsson*、**张捷**、**李好**、**律美合**、**任晓媛**、**王璟莹**对本文的贡献。

Karel Eloot（艾家瑞）是麦肯锡全球资深董事合伙人，常驻深圳分公司；
李晓庐 是麦肯锡全球董事合伙人，常驻台北分公司；
廖绪昌 是麦肯锡全球副董事合伙人，常驻香港分公司；
Seunghyuk Choi 是麦肯锡全球董事合伙人，常驻首尔分公司；
Karsten von Laufenberg 是麦肯锡全球副董事合伙人，常驻科隆分公司。

乘势而上，聚势而强：
中国险企绿色转型全景图

吴晓薇，廖绪昌，周晓黎，邵奇

> 险企应在主动服务国家绿色可持续发展战略的过程中，找准自身定位、抓住机遇，实现转型升级。

国内保险业正从高速增长向高质量发展转型。在"双碳"目标的推动下，保险业迎来了新机遇和新动能，有望借势实现二次增长。险企应在主动服务国家绿色可持续发展战略的过程中，找准自身定位、抓住机遇，实现转型升级。

绿色转型势在必行

可持续发展是人类命运共同体的核心使命。联合国及世界各主要经济体已将可持续发展提升为国家战略，中国亦不例外。"30/60"双碳目标提出后，监管政策持续发力，顶层设计不断完善，我国已经迈入可持续发展的新时代。

作为"双碳"目标的重要组成部分，我国保险业也在持续探索绿色保险的践行路径。国内多家险企已就碳中和与绿色转型做出承诺，并在战略和产品层面积极布局和推进。这既源于政策法规的推动，也源于数万亿量级绿色保险的市场机遇。

麦肯锡预计，2020—2030 年，绿色交通、绿色能源、绿色建筑、绿色农林与畜牧等四大核心绿色主题下的九条产业链，将产生约 2.7 万亿元人民币的累计保费规模。其中，绿色交通将成为核心增长引擎，预估总承保保费规模约为 2 万亿元人民币。聚焦国内保险行业，绿色保险的机遇又可进一步分为三大类。

新兴行业机遇： 新能源汽车、氢气储存等新行业和新技术的爆发式增长将引发行业格局巨变。险企可乘势切入新经济转型，寻找增长机遇，开拓高价值业务。

方案创新机遇：针对新风险种类，险企可聚焦产业链上的特定环节风险，设计差异化的保险解决方案与定价策略。

模式创新机遇：除传统承保业务外，险企可为投保方提供更多增值服务，降低企业风险、提高利润，并收取相应服务费用。

为抓住绿色主题带来的新机遇，我国险企绿色转型势在必行。麦肯锡认为，绿色险企转型包括起步、构建、成熟这三个阶段（见图1）。

图1 绿色险企转型的三个阶段

资料来源：麦肯锡分析

起步阶段，乘势而上：在此阶段，险企应主动向监管、股东、客户和社会明确传达减碳减排的发展愿景与承诺。同时，着手进行绿色业务的点状布局，如尝试参与绿色行业承保、绿色资产投资以及采取部分减碳运营措施等。

构建阶段，稳扎稳打：在此阶段，险企须完成三项重要工作。首先，通过碳盘查与碳审计，明确自身的直接排放及业务端的间接排放水平，确定碳排放基线；其次，制定明确的碳中和承诺，包括具体达成时间(碳达峰与碳中和)以及碳中和的定义(范围1、2、3排放)；最后，绿色业务发展应以规模增长为主，经营模式、业务价值率等方面与传统业务暂无差异。

成熟阶段，做优做强：首先，险企应建立完整的双碳目标体系与实施路径，针对当前业务按板块、行业、产品进行细分，制订具体的30/60减碳目标与压降路径方案；其次，围绕公司治理、组织架构、人员团队、考核激励、数据科技等多个方面，建立完善的机制体制，有效支撑绿色险企转型；最终，实现规模与价值双提升，通过"产品＋能力"的服务模式，将绿色业务打造成险企的价值业务。

目前，国内大部分险企尚处于绿色转型起步阶段，部分头部险企已率先迈入业务构建阶段，存在较大进步空间。而从全球行业来看，多家领先保险机构已经进入成熟阶段，其发展历程和宝贵经验可供国内同业参考。

成熟案例

（1）全球某领先再保险公司持续推动可持续保险业务创新，帮助客户应对环境挑战，积极开展可持续保险／再保业务，包括巨灾险、可再生能源险和农业险等。

（2）某领先德资保险公司构建了较为全面的可持续整合框架，包括风险管理、投资规则、新业务机会等，并推出一系列创新可持续保险解决方案，同时凭借自身积累，输出可持续领域的专业风控能力，包括气候风险、巨灾风险的风险咨询、风险管理和风险管理等。

绿色险企构筑未来愿景

面向未来，我们提出了中国保险机构绿色转型战略框架，险企可构建"一大愿景、两大目标、三大举措、四大能力"，明确绿色战略目标，规划实施路径，创新解决方案，培育核心能力（见图 2）。

一大愿景：锐意进取，树立绿色险企社会

险企应积极响应双碳战略，树立绿色愿景，保持与外界充分沟通，向监管、股东、市场和客户清晰传递可持续发展的意愿与决心。将绿色愿景落实到战略规划、举措制定与核心能力构建等各个方面，自上而下推动绿色险企转型。此外，险企制定并公布绿色战略与愿景也积极响应了监管要求，履行了社会责任。

图2 中国保险机构的绿色转型战略框架

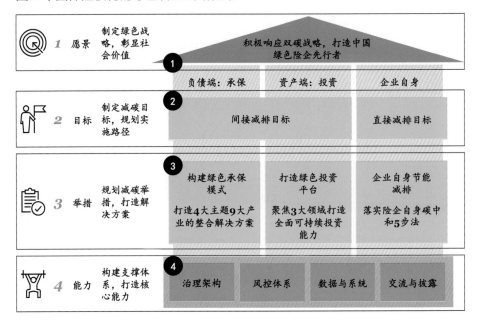

资料来源：麦肯锡分析

两大目标：铸就体系，谋划绿色发展路线图

险企需主动制定直接减碳目标（自身节能减排）与间接减碳目标（承保端与投资端的节能减排贡献）。对于直接减碳目标，应运用碳排查与碳审计，估算当前碳排放基点，设定自身减排目标，形成减排方案，并分层推进绿色减排措施。在自身减排方面，我们建议险企采用"碳中和五步法"，即明确排放基点、设定排放目标、制定减碳路径、评估转型支出以及持续追踪进度；对于间接减碳目标，险企应形成完整的间接减碳目标体系，设定细分减碳目标、制定减碳路径，减碳举措应规划和具体到细分层级。

三大举措：全面布局，承保、投资、自身减碳齐发力

明确目标后，险企可在承保端、投资端、自身减排端分别采取不同举措，实现减排目标。对于间接减碳目标，可从承保端和投资端出发，构建绿色承保模式与绿色投资平台，助力企业客户迈向碳中和。在自身减碳目标上，可采用节能减排"五步法"，多管齐下实现双碳目标。

四大能力：筑牢基石，锻造四大核心竞争力

明确减碳解决方案后，险企应进一步完善绿色保险底层机制体制，包括完善企业治理架构、整合风控体系、建立数据系统以及积极进行对外交流和声誉管理，以确保险企顺利推进绿色转型。

如何推动绿色险企转型

在全面推动绿色转型前，险企可通过"碳中和十问"评估自身绿色转型的就绪程度。这 10 个关键问题包括——

战略蓝图：您的企业是否已经制定了明确的碳达峰与碳中和战略目标，包括碳排放范围的定义、减碳目标的设定，以及实现目标的核心举措与整体节奏？

战略起点：您的企业是否已经完成碳评估和碳审计，对直接 / 间接碳排放现状以及未来发展趋势有清楚准确的认知？

战略路径：您的企业是否已经完成对资产端、风险保障端和运营端减碳潜力的评估、减碳方式盘点，并结合碳中和目标对不同战略路径进行推演？

战略沟通：您的企业是否已经就这一战略形成详尽报告，并进行充分的顶层讨论、监管交流、内部宣导和客户沟通，最终向社会发布碳中和战略承诺？

战略规划：您的企业是否已经根据这一战略，有针对性地加强业务资源投放，并制订未来 10 年（至碳达峰节点）在业务及财务层面的明确过渡方案？

决策工具：您的企业是否已经建立起内外部视角下的碳排放数据库和评估工具，并通过数据积累和模型预测，模拟不同场景下业务价值的波动作为参考？

标准执行：您的企业是否已经制定出清晰的绿色业务评估标准，并严格用于风险保障和投资业务的方向指引、质量筛选和组合调整？

风险考量：您的企业是否已经充分考虑了战略路线中的不确定性，包括气候变化、市场、政策出台等因素对执行业务战略的影响，并形成应对方案？

产品能力：您的企业是否已经根据这一战略，建立起风险保障端和投资端的绿色产品创新能力、业务拓展能力、客户支持和服务能力？

组织支持：您的企业是否已经为这一战略提供组织与人才层面的充分支持，包括设立绿色转型战略办公室、引进绿色能力构建及输出的专家团队等？

当上述所有方面均准备就绪时，险企应积极筹划，着手推动转型。麦肯锡认为，从当下到 2030 年碳达峰，中国险企要经历两个关键转型阶段：第一阶段制定转型战略、厘清转型路径；第二阶段落实转型计划、长期持续减碳。将蓝图规划逐步落到实处，通过自身碳达峰、传统业务排放管理、构建绿色业务能力这三个具体举措，有效落实转型计划。此外，借助数据分析类、建模测算类、抓手库与案例库类、转型跟踪类等专业工具，险企可更好设计与实施绿色转型方案，推动绿色转型。

● ● ●

路虽远，行必达。随着中国碳排放"30/60"目标的确立，国内各大领先险企应坚定信念，紧跟国家战略步伐，制定清晰的绿色转型时间表，明确合适的转型路径。在主动服务国家绿色可持续发展战略的进程中，找准自身定位，抓住行业变革的大风口、大机遇，完成从高速增长到高质量发展的转变，进而打造未来绿色险企发展的第二增长曲线。Q

*作者在此感谢**程泉**、**王若菡**、**刘鼎尊**、**郭晏然**、**张捷** 和 **汤凌霄** 对本文的贡献。*

吴晓薇 是麦肯锡全球董事合伙人，常驻上海分公司；
廖绪昌 是麦肯锡全球副董事合伙人，常驻香港分公司；
周晓黎 是麦肯锡全球副董事合伙人，常驻上海分公司；
邵奇 是麦肯锡资深项目经理，常驻上海分公司。

关于麦肯锡公司

　　麦肯锡是一家全球领先的管理咨询公司，1926 年创立以来，始终致力于为企业和公共机构提供有关战略、组织、运营和技术方面的咨询，足迹遍布全球 60 多个国家和地区的 130 多座城市。麦肯锡在中国一直致力于帮助本土领先企业改善管理能力和提升全球竞争力，并为寻求在本地区扩大业务的跨国企业提供咨询，同时也积极参与公共政策咨询和公共事业建设。目前中国区设有北京、上海、深圳、香港、台北等五家分公司及成都服务中心，员工包括 100 余名全球董事合伙人，1000 余名咨询顾问，200 余名研究员，以及 300 余名专业支持人员。

扫描二维码
关注麦肯锡咨询公司公众号

中国区分公司

上海

麦肯锡公司上海分公司

上海市湖滨路168号

企业天地3号楼20楼

邮编：200021

电话：(86-21) 6385-8888

传真：(86-21) 6385-2000

北京

麦肯锡公司北京分公司

北京市朝阳区光华路1 号

嘉里中心南楼19 楼

邮编：100020

电话：(86-10) 6561-3366

传真：(86-10) 8529-8038

香港

麦肯锡公司香港分公司

香港中环花园道3号

中国工商银行大厦40楼

电话：(852) 2868-1188

传真：(852) 2845-9985

台北

麦肯锡公司台北分公司

台北市信义路五段七号47 楼

邮编：110

电话：(886-2) 8758-6700

传真：(886-2) 8758-7700

深圳

麦肯锡公司深圳分公司

深圳市福田区中心四路

嘉里建设广场第三座13楼26室

邮编：518000

电话：(86-755) 3397 3300

成都

麦肯锡公司成都分公司

成都市红星路三段1号

国际金融中心2号楼15楼

邮编：610021

电话：(86-28) 6279-6001

传真：(86-28) 6632-6811